Coordenação editorial:
Fabiana Vieira Gibim, Rodrigo Corrêa,
Gustavo Racy e Alex Peguinelli

Tradução:
Andityas Soares de Moura Costa Matos

Preparo:
Alex Peguinelli

Revisão:
Fabiana Gibim e Gustavo Racy

Projeto gráfico:
Rodrigo Corrêa

Dados Internacionais de Catalogação na Publicação (CIP) de acordo com ISBD

M433p   Matos , Andityas Soares de Moura Costa

Para além da biopolítica / Andityas Soares de Moura Costa
Matos, Francis García Collado ; traduzido por Andityas Soares de
Moura Costa Matos . - São Paulo : sobinfluencia edições, 2021.
188 p. : il. : 14cmx 21cm.

Tradução de: Más allá de la biopolítica: Biopotencia, bioarztquia,
bioemergencia
Inclui bibliografia.
ISBN: 978-65-995017-2-2

1. Filosofia. 2. Biopolítica. 3. Política. 4. Necropolítica. 5.
Sociologia. I. Collado, Francis García. II. Título.

CDD 100
CDU 1

2021-3709

Elaborado por Vagner Rodolfo da Silva - CRB-8/9410

Índice para catálogo sistemático:
1.   Filosofia 100
2.   Filosofia 1

sobinfluencia.com

para além da biopolítica

andityas soares de moura costa matos
francis garcía collado

Para quem amamos;
em ato e em potência.

Não é pleno conhecimento aquilo que não traz a transformação naquilo que foi pensado. Também por isso pensar é perigoso.

ROBERTO CALASSO, *Ka*, p. 175.

πρόλογος
prólogo   **10**

ἐνέργεια/δύναμις
1. ato/potência   **32**

δέμας
2. corpo   **44**

ἄλλος πολιτικός
3. alopolítica   **64**

βίος ἀρχή
4. bioarquia   **86**

νοός τρόπος
5. nootropia   102

ἀπρόσωπη
6. impessoal   136

ἀργός
7. des/obra   150

διά
8. através   168

referências   178

πρόλογος
prólogo

Há algum tempo a palavra "biopolítica" abandonou o terreno especializado e árido da filosofia universitária para ser acolhida em um circuito mais amplo, que inclui desde a política, a educação, a medicina, o direito e até mesmo os noticiários televisivos e as redes sociais, o que se aprofundou ainda mais na atual pandemia de COVID-19, quando o termo e suas variações passaram a ser entonados como uma espécie de mantra para explicar o que parece inexplicável, desde a necropolítica brasileira voltada expressamente para a produção de cadáveres enquanto técnica governamental, até o biopoder soberano europeu e o governo algorítmico oriental[1]. Como costuma acontecer nesses casos, a palavra "biopolítica" acabou sendo entendida de uma maneira mais ou menos unívoca enquanto um tipo de gestão política sobre a vida biológica, perdendo então sua multiplicidade e deixando nas sombras suas limitações. Neste prólogo pretendemos recuperar ambas as dimensões, ou seja, a multiplicidade e as limitações do conceito, preparando assim o

---

[1] Debatemos de maneira exclusiva as questões biopolíticas levantadas pela pandemia de COVID-19 em nosso livro *O vírus como filosofia. A filosofia como vírus: reflexões de emergência sobre a COVID-19*, obra que originalmente foi escrita e publicada depois desta que o leitor tem em mãos e na qual aplicamos os conceitos de biopotência, bioarztquia e bioemergência aqui desenvolvidos.

caminho para as ideias originais que exploraremos neste livro.

Em primeiro lugar, apresentaremos as principais concepções de biopolítica na filosofia dos últimos 40 anos, para depois nos centralizarmos em suas debilidades, discutindo assim a noção de biopotência, que nos parece mais interessante e mais necessária hoje para enfrentarmos nossos tempos sombrios de gestão neoliberal dos corpos.

* * *

A ideia de biopolítica vem sendo utilizada por autores de várias tradições, visando objetivos muito diferentes, às vezes até mesmo contrapostos. É impossível aqui fazer referência, ainda que mínima, a todos eles, razão pela qual procederemos esquematicamente, identificando os principais usos desse conceito em torno de três procedimentos de investigação – ambiguidade, oposição e complementaridade – que de maneira geral correspondem às obras dos três mais importantes filósofos que lidaram com o tema: o francês Michel Foucault, a "entidade" ítalo-americana Michael Hardt & Antonio Negri e o italiano Giorgio Agamben.

Ao contrário do que muitos pensam, Foucault não criou a expressão "biopolítica", por ele utilizada pela primeira vez em uma conferência no Rio de Janeiro, em 1974, intitulada *O nascimento da medicina social* (2001b) e, depois, integrada a cursos capitais dados no Collège de France, *Segurança, território e população* (2004b [1978]) e *Nascimento da biopolítica* (2004a [1979]). Roberto Esposito demonstrou em seu fascinante livro de 2004, *Bíos: política e filosofia*, que o termo já era utilizado muito antes de Foucault, em especial no contexto do pensamento alemão racista de recorte pré-nazista e, depois da Segunda Guerra, por autores anglo-saxões que ingenuamente pretendiam descobrir uma política da vida em suas experimentações[2]. Não obstante, é fato que o conceito só se tornou conhecido e ganhou o peso filosófico que

---

[2] Esposito sustenta que o conceito de "biopolítica" foi cunhado por Rudolf Kjellen entre finais do século XIX e princípios do século XX.

hoje o caracteriza graças a Foucault, que entende a biopolítica em sentido estrito como uma específica forma de exercício do poder na Modernidade, ao lado da soberania e da disciplina[3]. Dessa maneira, a biopolítica se insere naquilo que poderíamos chamar de economia geral do poder moderno, cujo traço mais marcante em Foucault é a ambiguidade[4].

Diferente de teóricos como Carl Schmitt e Max Weber, que veem no poder uma estrutura vertical de comando, Foucault reconhece que o poder é, antes de tudo, relação. Não se trata, portanto, de uma coisa, mas de um fluxo. E mais importante: por não se caracterizar apenas negativamente como ordem imposta de cima para baixo por um governante a um governado, o poder possui uma dimensão positiva e produtiva, capaz não apenas de dirigir o sujeito, mas formá-lo, o que fica particularmente claro no caso do poder biopolítico, que é algo diferente tanto da soberania quanto da disciplina.

A soberania é um tipo de poder que tem por objeto o território e exige visibilidade. Ela se exerce tendo em vista o esplendor do governante, que precisa estar sempre exposto aos governados, como uma obra de arte. Trata-se do poder de fazer morrer e deixar viver, segundo a célebre definição de Foucault, cuja expressão máxima é a guerra, para a qual o soberano tem

---

[3] É sabido que Foucault inclui os dispositivos disciplinares dentro da noção ampla – e um tanto assistemática – de biopolítica desenvolvida nos anos 1970 e oposta à soberania. Assim, para Foucault, a biopolítica em sentido lato apresenta duas dimensões: uma anátomo-política dos corpos (são as disciplinas) e uma biopolítica das populações. Todavia, para fins de exposição e comparação entre autores, neste texto reservamos o termo "biopolítica" em sentido estrito apenas para a gestão das populações. Quando nos referimos à ideia de disciplina, temos em vista os corpos individuais.

[4] Para o desenvolvimento de nossas propostas teóricas, principalmente no capítulo νοός τρόπος/nootropia, são cruciais as obras de Nikolas Rose, tendo em vista a atualização que ele realiza da noção foucaultiana de biopolítica ao considerar criticamente as grandes transformações havidas na biomedicina, na biotecnologia e na neurociência.

a prerrogativa de enviar o súdito. Também o suplício, com toda sua dramaticidade barroca e teatral, comparece como signo da soberania, que precisa se mostrar poderosa e temível aos olhos dos súditos. Foucault o ilustra com um gesto claramente sádico nas primeiras páginas de *Vigiar e punir* (1975), narrando com riqueza de detalhes o processo público de tortura e esquartejamento de Damiens, condenado por tentativa de regicídio. Pode-se dizer então que o processo de subjetivação soberana envolve fundamentalmente a geração de medo e reverência, conforme já notara Thomas Hobbes.

Já a disciplina – que integra a biopolítica em sentido amplo – corresponde a uma forma totalmente diferente de exercício do poder, que agora não é mais grandiloquente e teatral, mas discreto. Trata-se de um poder que age não por meio de sua visibilização, mas, ao contrário, torna-se mais e mais invisível. Seu objeto não é o território, e sim o corpo. As disciplinas são aquelas técnicas que pretendem controlar por domesticação, na medida em que, mediante diversos dispositivos[5] – o exame, a prisão, a escola etc. – vão lentamente moldando os corpos e as mentes individuais dos sujeitos, tornando-os dóceis e produtivos. Só assim eles poderão ser integrados, ainda que diferencialmente, ao tecido social. Se a figura do suplício público é a que caracteriza a soberania, o poder disciplinar tem seu símbolo mais característico na arquitetura do panóptico de Jeremy Bentham, pelo qual todos os prisioneiros se sentem constantemente vigiados e passam então a se comportar, em tempo integral, conforme requer a autoridade, pouco importando se ela está presente ou

---

[5] Eis a clássica definição de dispositivo para Foucault: "[...] um conjunto resolutamente heterogêneo, comportando discursos, instituições, arranjos arquitetônicos, decisões regulamentares, leis, medidas administrativas, enunciados científicos, proposições filosóficas, morais, filantrópicas. [...] O próprio dispositivo é a rede que pode ser estabelecida entre esses elementos" (FOUCAULT, 2001d, p. 299). Todas as traduções de trechos em língua estrangeira são de nossa lavra, salvo quando expressamente indicado outro tradutor nas obras traduzidas constantes das referências bibliográficas no final deste livro.

não. Aliás, a disciplina será ainda mais perfeita na ausência de qualquer olho que vigie, bastando sua simples possibilidade.

Por fim, a biopolítica em sentido estrito – que em Foucault se exerce por meio do biopoder – aparece como terceiro modelo, que tem em vista não o território ou os corpos, e sim as populações. Ao mesmo tempo herdeira, continuadora e sucessora das outras duas formas de poder modernas, a biopolítica, assim como a soberania, garante certo "esplendor" do Estado, agora traduzido em termos de "saúde social". Por seu turno, na linha da disciplina, a biopolítica também pretende incrementar a produção social. Todavia, tal se dá invertendo a fórmula soberana, pois agora se trata de fazer viver e deixar morrer, quer dizer, trata-se de "cuidar" de uma população para que ela se mantenha sempre saudável e produtiva, com o que surgem técnicas estatísticas, eugênicas, de saúde pública e muitas outras formas de constituir um povo saudável, arranjo cujas consequências racistas são óbvias desde o primeiro momento.

Esta brevíssima e esquemática apresentação de temas complexos do pensamento de Foucault serve apenas ao propósito didático de demonstrar que ele pensa a biopolítica (e o biopoder que a realiza) em termos que poderíamos chamar de ambíguos, dado que, para ele, essa forma de poder não pode ser classificada como boa ou má, positiva ou negativa em si mesma. Talvez ainda mais que as duas outras formas que a antecedem e que, de certa maneira, nela sobrevivem, a biopolítica tem dimensões claramente construtivas, que se opõem à ideia simplista de um poder coercitivo imposto de cima para baixo. A biopolítica foucaultiana molda e compõe os sujeitos a partir de uma dimensão populacional e estatística que, contudo, pode efetivamente trazer benefícios concretos aos indivíduos submetidos, como no exemplo da vacinação. Definitivamente, para Foucault a biopolítica trabalha em ambos os polos, positivo e negativo, da vida social.

Essa ambiguidade deixa de existir na obra de Michael Hardt & Antonio Negri, para quem a biopolítica ganha um novo sentido no contexto de seus livros bastante conhecidos sobre o *Império* (2000) e a *Multidão* (2004). Segundo os autores, a soberania e seu filho dileto, o imperialismo, teriam deixado de existir a partir dos anos 60 do século passado, dando lugar a uma forma planetária de governo chamada de Império. O Império constitui-se como rede global em que os Estados, as finanças e a mídia oficial convergem para constituir um tipo de dominação sem centro fixo que tem por alvo a multidão, que é a verdadeira pedra de toque da obra de Hardt & Negri. Partindo de premissas marxistas, eles afirmam que a produção sofreu uma radical transformação em meados do século XX, de maneira que a fábrica característica do capitalismo estaria sendo substituída – se não quantitativamente, sem dúvida qualitativamente – por aquilo que eles chamam de produção biopolítica. Esta se caracteriza por exigir a cooperação dos indivíduos, que também devem ser criativos, descentrados e, para usar uma palavra "imperial", empreendedores. No entanto, o mais importante é que a produção biopolítica cria não simplesmente bens materiais, e sim o que Hardt & Negri chamam de comum, ou seja, linguagens, códigos, afetos e bens imateriais que apontam para uma superabundância e um excesso capaz de superar a díade público/privado, abrindo as possibilidades para um comunismo global. Para se produzir assim, a materialidade psicossomática dos sujeitos multitudinários é ativada, de maneira que a produção se torna biopolítica, à semelhança do que ocorre em um enxame de abelhas inteligentes, ainda que a multidão não se confunda com as noções de massa ou povo, pois se trata de uma conjunção de singularidades irrepresentáveis.

A nova produção biopolítica representa uma inquestionável ameaça para as elites globais, antes soberanas e imperialistas, e que agora, na ausência de fundamentos transcendentes ou transcendentais que justifiquem seu domínio, se tornaram imperiais, ou seja, passaram a se organizar em rede, simetricamente à multidão. Com efeito, se esta é horizontal e sem liderança, o mando imperial se mostra sob formas não centralizadas como a *governance*, em um tipo de configuração múltipla que lembra a Constituição mista dos romanos descrita por Políbio: no ápice monárquico estão os Estados militarmente mais poderosos do planeta que, contudo, não podem prescindir da sustentação aristocrática das finanças globais que, por sua vez, exploram e corrompem a base democrática da pirâmide, onde se localiza a multidão, que é quem efetivamente produz o comum, expropriado e privatizado pelo Império.

As simplificações que impomos à teoria de Hardt & Negri, uma das que consideramos mais adequadas para explicar os fenômenos sociais, políticos e econômicos que vão dos anos 60 do século XX até os primeiros anos do século XXI, servem apenas para ilustrar o fato de que, para eles, a biopolítica possui uma face inequivocamente positiva, afastando-se, assim, da ambiguidade de Foucault, que não diferenciava fortemente biopolítica e biopoder, e nem as facetas positivas e negativas desses fenômenos. Para Hardt & Negri, a biopolítica corresponde à forma de produção da multidão, a qual só pode ser positiva e democrática porque sempre se dá de maneira coletiva, horizontal e acêntrica, sem comandos hierárquicos. Aqui, fica clara a herança marxista de Negri, pois uma forma econômica estrutural – a produção biopolítica imaterial, horizontal e colaborativa, própria do setor de serviços, da *internet*, dos cuidados e da linguagem – determina uma forma política superestrutural, ou seja, o comum. De maneira isomórfica, o Império corrompe a dimensão biopolítica da multidão ao transformá-la em biopoder, ou seja, um poder que se revela na subjetivação empreendedora neoliberal que, tendo as mesmas características da biopolítica, apresenta sinal trocado, já que pretende não a expansão do comum, mas sua contínua conversão em privado, garantindo assim a manutenção das elites no poder. Biopolítica e biopoder são dimensões opostas no pensamento de Hardt & Negri, indicando experiências que, ainda que tenham características semelhantes, estão voltadas para objetivos diversos. Segundo os autores, a construção de uma horta comunitária de frutas no centro de Belo Horizonte seria um exemplo de prática biopolítica, enquanto a reunião de uma equipe de cientistas para criar sementes incapazes de gerar frutos férteis seria um exemplo de biopoder. Em uma fórmula: a biopolítica multitudinária produz o comum; o biopoder imperial o corrompe e o transforma em privado.

Por fim, é hora de sintetizar o pensamento de Giorgio Agamben que, ao que nos parece, é o mais denso e abstrato dos três, oferecendo uma noção de biopolítica que depende, para sua correta compreensão, de todo um esforço propriamente arqueológico. A ideia de biopolítica de Agamben surge no contexto de seu impressionante projeto *homo sacer*, levado a cabo por vinte anos, tendo gerado nove livros, todos eles polêmicos e filosoficamente instigantes[6]. É na obra inicial da série, *O poder soberano e a vida nua* (1995), que a noção de biopolítica aparece de forma cifrada. Logo nas primeiras páginas, Agamben afirma que pretende conectar o pensamento de Michel Foucault ao de Hannah Arendt, pois cada qual teria deixado escapar o que, em cada um deles e inversamente, foi tematizado de maneira central. Assim, se à biopolítica de Foucault faltou uma reflexão sobre o experimento de gestão (e destruição) da vida mais radical que o Ocidente já conheceu, ou seja, os campos de concentração do nazismo, a Hannah Arendt, que teria desvendado a natureza do III *Reich*, faltou considerar o que seria sua expressão mais característica, isto é, a biopolítica que, na verdade, só se torna inteligível diante de seu complemento necessário: a tanatopolítica.

Embora não seja verdade que Foucault desconsiderou completamente o *background* do nazismo, tendo ao menos desenvolvido de forma sólida a noção de racismo de Estado, sendo também inaceitável afirmar que os campos de concentração nazistas são a experiência tanatopolítica mais radical e intensa do Ocidente, o que equivale a simplesmente desconsiderar a tragédia humanitária das colonizações e da escravidão nas Américas, parece-nos que Agamben efetivamente consegue dar um relevante

---

[6] Agora todos reunidos em AGAMBEN, 2018.

passo ao ligar a noção de biopolítica à de tanatopolítica, de modo que uma não pode ser entendida sem a outra, ultrapassando assim o esquema simplista de Hardt & Negri que opõem biopolítica e biopoder. Mais interessante ainda é a posição de Agamben quanto à soberania que, se em Foucault é superada ou ao menos modificada pela biopolítica, na obra do italiano surge em primeiro plano. Por isso, ele também polemiza com Hardt & Negri, autores para os quais a soberania teria sido inegavelmente substituída pelo mando imperial (e não imperialista).

Segundo Agamben, a soberania permanece viva e atuante, só podendo ser adequadamente entendida enquanto exceção, na linha de Carl Schmitt (1992), de modo que soberano é quem decide em última instância. Mas decide sobre o quê? Aqui está uma das intuições originais de Agamben. No mundo contemporâneo, o soberano sempre decide sobre quem pode viver ou morrer; ele decide qual é a vida digna de ser vivida e qual é a vida indigna e matável, semelhante aos micróbios e aos ratos com que a propaganda nazista comparava os judeus. A soberania não corresponde simplesmente ao controle de um território, como no modelo clássico descrito por Foucault, mas da própria vida. E, contudo, tal não é feito de maneira ingênua, separando vidas "boas" e vidas "más". Diferentemente, a decisão excepcional soberana – excepcional porque está fora da própria ordem que pretende criar – confunde *zoé* (ζωή) e *bíos* (βίος) em um limiar chamado de "vida nua", ou seja, uma vida que pode ser impunemente destruída.

Agamben explica que os gregos distinguiam dois âmbitos da vida. *Zoé* é aquela dimensão puramente vegetativa, a vida em seu estado mais geral, compartilhada por seres humanos, animais e plantas, tratando-se da vida como tal, sem predicados. Já *bíos* se refere à vida politicamente qualificada do cidadão, o que, em nosso tempo, significa a vida política e juridicamente protegida. É a decisão excepcional que determina o deslocamento dessas duas categorias que, se eram claras para os gregos, não podem deixar de se mesclar incessantemente a partir das experiências impostas no Ocidente pelo estado de exceção, pelos campos, pela economia (*oikonomía*, οἰκονομία), pelo juramento, pela regra, pelo ofício, pela guerra civil e por muitos outros temas que Agamben vai pacientemente analisando nos livros da série *homo sacer*. No primeiro volume a exceção aparece como uma figura exclusivo-inclusiva que mostra que não se pode fundar a ordem senão na violência, configurando um paradoxo – já notado por Schmitt – segundo o qual o direito e a política se fundamentam naquilo que está fora deles, da mesma maneira que a vida por eles protegida se funda em sua pura exposição a um poder de vida e morte, a uma matabilidade. Assim, a vida nua é o que resulta do processo de contínua indistinção entre *zoé* e *bíos* que caracteriza os séculos xx e xxi.

Já no último livro da série, *O uso dos corpos* (2014), Agamben percebe que a exceção é apenas um caso específico de um mecanismo muito mais geral que ele chama de máquina antropológica, a qual, fundada na concepção metafísica e dualista do Ser, própria do Ocidente, trabalha de modo que uma prática, ideia ou fenômeno só pode vir à luz na medida em que utiliza como secreto fundamento seu oposto, girando às cegas e trazendo à tona ora um, ora outro dos seus polos. Não apenas a regra precisa da exceção para se fundar, também o poder constituído precisa do constituinte, a norma precisa da anomia, o humano precisa do animal, o Ser precisa do não-Ser e, obviamente, a vida politicamente qualificada precisa de uma vida matável. Assim, uma biopolítica sempre trará consigo uma tanatopolítica. É por isso que, para proteger, o direito precisa ameaçar; para garantir mais segurança urbana, precisamos de mais policiais armados nas esquinas; para se definir o cidadão de bem, precisa-se das figuras do criminoso, do favelado, daquele que pode ser morto sem que se cometa um crime. E é por isso, complementará Achille Mbembe (2013), que a Europa precisou das Américas para se firmar enquanto território de paz e civilidade, fundando-se existencial e economicamente em um inferno onde, inexistindo Deus, tudo era permitido.

Em um artigo homônimo de 2003, Mbembe lançou o conceito de necropolítica (2003). Trata-se de uma derivação bem concreta da figura tanatopolítica, descrita por Agamben enquanto gestão excepcional e soberana – e isso quer dizer, no outro polo da máquina antropológica, "normal" e "jurídica" – da morte. Para Mbembe, a questão não é apenas decidir quem deve morrer, mas governar mediante a produção de cadáveres. O filósofo camaronês enfoca então a produção sistemática de defuntos como política de Estado característica de vários espaços da África "descolonizada" e da Palestina dominada militarmente pelos israelenses, mas a mesma chave interpretativa serve para, por exemplo, entender as dinâmicas sociais de cidades brasileiras e mexicanas, nas quais a periódica produção de cadáveres, devidamente exibidos espetacularmente na mídia, indica a direção e a intensidade dos ilegalismos intrínsecos ao poder político. Isso é óbvio no caso da vereadora Marielle Franco, assassinada no Rio de Janeiro em uma operação de milicianos voltada para a consecução de objetivos políticos autoritários, homofóbicos e racistas, características que parecem identificar o absurdo e suicida caminho que o Brasil tomou nas eleições de 2018.

De qualquer modo, seja como ambígua forma de exercício do poder, seja como oposição ao biopoder ou, finalmente, seja como complemento da tanatopolítica ou da necropolítica, a biopolítica aparece nos autores e nas tradições rapidamente discutidas aqui em uma perspectiva de presença, de agoridade, de imediata e atual exposição dos corpos. O que faremos agora não é abandonar essas ricas reflexões, mas problematizá-las com algumas considerações "inatuais", ou seja, fundadas na potência.

* * *

Por mais que Negri e Agamben tenham se dedicado a pensar a ideia de potência, nos parece que não conectaram essas suas reflexões de maneira decisiva àquelas outras dedicadas à biopolítica, de modo a pensar algo como uma biopotência. Para tanto, não basta questionar a vida ou a morte de um corpo ou da multidão, seu ser e seu não ser, mas levar a sério a pergunta de Spinoza (2009, pp. 100-102): o que *pode* um corpo? No livro Teta da *Metafísica*, Aristóteles afirma que o ser existe em ato e em potência. O ato corresponde à atualidade, à configuração das coisas no aqui e no agora. Já a potência diz respeito às virtualidades desse mesmo corpo, suas mutações e desenvolvimentos. Parece-nos importante frisar que a potência não é algo exterior ao ser. Ao contrário, ela o integra. Potencialmente, uma semente de carvalho já é a árvore de carvalho, pois a árvore está contida na semente, é sua potencialidade.

Aristóteles criou a teoria do ato e da potência para explicar o problema do movimento, que desde os pré-socráticos angustiava o pensamento grego. E aqui devemos entender movimento como mudança. De fato, como é possível haver ser e não ser, como é possível que uma coisa mude e se transforme, e ainda assim, de certa forma, permaneça a mesma? Parmênides e Platão resolveram essa questão ao postular dois mundos, ou melhor, duas dimensões de cognoscibilidade. Eles explicavam que a mudança era apenas aparente e se devia ao engano dos sentidos. Para além da aparência há uma realidade do Ser ou das Ideias em que não há mudança e tudo se encontra em perfeito imobilismo. Aristóteles descartou essa solução ao adotar um mecanismo muito mais sofisticado: ele entende que a mudança já está na coisa mesma, enquanto potência. Assim, a semente de carvalho pode se transformar na árvore de carvalho porque ela já é, de alguma maneira, a árvore. A potência, que em grego se chama *dýnamis* (δύναμις), representa então o lado dinâmico do ser, que não é apenas *enérgeia* (ἐνέργεια), ato ou atualidade, mas também suas possibilidades, as mudanças que ele próprio carrega em si.

Nessa perspectiva, o pensamento da potência é particularmente perigoso para a opinião irrefletida que domina nosso tempo. Desde Fukuyama, acredita-se em uma espécie de fim da história, crê-se que o desenvolvimento das sociedades segue uma linha previsível de feição neoliberal (FUKUYAMA, 1992). Ao contrário, a potência nega o domínio do atual, nega que o futuro seja somente uma repetição do presente, e se centra nas possibilidades, nas variações, nas repetições do diferente, nos outros caminhos. Um pensar da potência é necessariamente herético diante das verdades e certezas já dadas, pois abre alternativas imprevistas ao abandonar a ideia de progresso linear. Por isso a potência é particularmente potente quando falamos de corpos e de vida. De fato, nada há de mais moldável, nada há de mais dinâmico que um corpo vivo, por mais que os poderes e os saberes constituídos queiram nos convencer do contrário. O corpo é o lugar por excelência da potência, pois ele abriga esse indeterminado chamado vida, essa capacidade que temos de nos pormos e depormos ininterruptamente. É a partir dessa constatação que pode nascer uma filosofia da biopotência.

Há séculos os ingleses conhecem o ditado segundo o qual o Parlamento pode tudo, menos transformar homem em mulher e mulher em homem. Essa ideia, aceita como verdade absoluta por muitas pessoas, nos parece contraditória, pois coloca o poder de mudança nas mãos da política com o mesmo gesto que a nega aos corpos viventes, os quais dependeriam de certas leis naturais imutáveis que diriam de uma vez para sempre o que eles próprios são. Evidentemente, a política sempre é potência, sempre aponta para mudanças, sempre pode se abrir; mas ela é assim exatamente por ser uma política de corpos, de entidades psicossomáticas que não têm uma essência, não estão ancoradas na mera atualidade, sendo também potenciais. Daí porque toda verdadeira política é biopotente, trazendo ao ato potências alegres ou tristes.

Aqui cabe desde já a ressalva de que a biopotência não é por si mesma democrática ou libertadora, podendo envolver dinâmicas negativas, autoritárias e tristes. O ser se diz de muitos modos, e nem todos eles são afirmativos. O que importa, contudo, é a possibilidade de contínua mudança, de constante transformação. A potência do *bíos* põe diante de nós a plasticidade da vida, e se tal significa que em certos momentos isso se traduz em afetos tristes – como é o caso hoje no Brasil –, tem-se ao menos o consolo filosófico de que se trata apenas de uma configuração possível entre muitas outras, não envolvendo qualquer necessariedade, qualquer destino ou essência, ao contrário do que querem nos fazer acreditar aqueles que se aproveitam dessa momentânea e infeliz configuração da potência.

Em um mundo gestionário e concentracionário, em que as mudanças são sempre limitadas à repetição do mesmo, em que qualquer transformação só pode existir para reafirmar os direitos do que está em ato, a ideia mesma de potência tem que ser profanadora e incidir diretamente sobre o corpo, essa potência vivente que os poderes oficiais sempre querem controlar, limitar, definir, "proteger", pois é nele que se encontra a possibilidade de mudança.

Glosando o mote inglês já indicado, hoje sabemos que o Parlamento pode tudo, inclusive transformar homem em mulher e mulher em homem. Muitas correntes feministas já demonstraram que as ideias de masculino e feminino são construtos sociais que marcam o lugar das pessoas em determinadas sociedades, nada tendo de naturais. Assim, a pretensa virilidade e racionalidade masculinas opostas à passividade e emotividade femininas não passam de resultados de sedimentações culturais longamente repetidas, ritualizadas, impostas e, ao final, aceitas como essenciais. Na realidade, não existe no campo do *bíos* algo que seja, em si mesmo, masculino ou feminino, dado que ele é pura possibilidade, puro fluxo.

Para além do caráter cultural das noções de masculino e feminino, a própria corporalidade que aparentemente lhes dá base – ou seja, o fato de alguns corpos terem seios, vagina e menstruarem, e outros terem barba e pênis – se mostra mutável, transformável, potencial. Em seu provocativo livro *Testo junkie* (2008), Paul Preciado narra duas histórias interdependentes: a primeira, teórica, tem a ver com a configuração da biopolítica hoje, que não se exerce somente sobre as populações ou as superfícies dos corpos, dirigindo-se também ao seu nível molecular. Trata-se então de uma biopolítica que, por meio de contínuas gestões hormonais, reconstrói o corpo e seus afetos desde dentro, não se limitando a controlar estatisticamente uma população, mas abrindo potencialidades – alegres ou tristes – de transformações moleculares nas unidades mais básicas dos seres viventes. A segunda história de Preciado é, na realidade, uma autobiografia, e nos mostra a transformação radical do corpo, dos afetos e dos humores do próprio autor que, tendo nascido "mulher", resolveu se tornar "homem" mediante a autoaplicação ilegal de testosterona, hormônio que não apenas engrossa sua voz, lhe faz crescer pelos no rosto e aumenta seu apetite sexual, mas o insere na mundividência masculina, nos valores e nos temores próprios daquilo que costumamos chamar de homem. O experimento de Preciado é, nesse sentido, biopotente, e não simplesmente biopolítico.

Neste ponto é necessário um esclarecimento importante. Dissemos que a biopotência envolve possibilidades positivas e negativas, não possuindo nenhuma essência boa nem má, já que ela é apenas movimento, pura *dýnamis*. Assim, ao que parece, não haveria um critério para determinar a positividade ou a negatividade da biopotência. Na verdade, há sim, e diz respeito à mudança. Todos os poderes e instituições que visam bloquear as mudanças e as transformações nos seres viventes, ainda que eventualmente tenham resultado dessas mesmas mudanças e transformações, são inimigos da biopotência; podemos chamá-los de bioárquicos, pois querem restaurar ou impor uma *arkhé* (ἀρχὴ) onde só há fluxo, movimento, *dýnamis*. São posturas que pretendem fixar o corpo, negar sua *an-arquia* constitutiva, congelar as identidades biológicas e os papeis sociais que delas derivam, impedir o trânsito, o que equivale a impedir a vida. Não é difícil concluir que praticamente todas as instituições políticas, jurídicas, educacionais e econômicas do nosso mundo se encaixam nesse conceito. Essas biocracias se traduzem em uma infinidade de dispositivos e estratégias, e muitas delas lançam mão da própria maleabilidade, da própria modificabilidade dos corpos para impedir que eles se transformem.

Trata-se de um paradoxo similar àquele que assombra as democracias representativas, segundo o qual certos partidos ou grupos utilizam procedimentos democráticos para destruir essas mesmas democracias, em um processo que, juntamente com Roberto Esposito (2002), podemos chamar de autoimune. Tal ocorre quando o corpo, tentando se defender, destrói a si próprio por meio de seus anticorpos, ou seja, implode diante do excesso de autodefesa imposto a si mesmo. Foi assim na Alemanha dos anos 1930, quando o processo liberal-representativo levou ao poder um partido abertamente hostil à democracia liberal. E é exatamente assim no Brasil hoje, quando a representação democrática tornou possível sua própria extinção ao permitir a eleição e o governo de Jair Bolsonaro e seu bando, personagens que escarnecem dos mais básicos princípios republicanos e democráticos.

De maneira similar, as biocracias – que, como veremos ao longo deste livro, se tornaram hoje bioarztquias – usam a plasticidade do corpo para negar essa mesma plasticidade, pervertendo a biopotência ao utilizar seu caráter transformador para negar toda transformação. Assim, por exemplo, a maciça administração de drogas a crianças e adolescentes que supostamente sofrem de transtornos de atenção e hiperatividade equivale a negar a potência desses corpos inquietos, mutantes e indóceis, e transformá-los, de uma vez para sempre, em zumbis comportados e fiéis à ordem neoliberal, incapazes de pensar ou criticar porque as drogas os transformam, paradoxalmente, em seres que já não conseguem se transformar, em seres impotentes, plenamente e unicamente "atuais". O mesmo raciocínio vale para os antidepressivos consumidos às toneladas todos os dias, com o que as pessoas pervertem o dito estoico segundo o qual, se não é possível mudar o mundo, temos que mudar a nós mesmos. E o que dizer daqueles que consomem nos fins de semana suas drogas lícitas ou ilícitas, pouco importa se cerveja ou cocaína, para poder suportar novamente e sempre, sem nenhuma mudança, outra semana de trabalho, mais cinco ou seis dias iguais aos outros... A biocracia, que pode transformar e congelar nossos corpos desde a superfície da pele até às moléculas mais profundas, concorda com Tomasi de Lampedusa quando ele escreve na sua novela *O leopardo*: "é preciso mudar para que tudo continue como está" (1958).

Muito antes de nós, o termo biocracia foi utilizado por Auguste Comte (1967) para indicar, em sua teoria social evolutivo-progressiva, o estágio em que o ser humano vive apenas para se autopreservar, sem qualquer objetivo social, privilegiando assim suas funções não-racionais, ou seja, meramente biológicas. À biocracia se segue a sociocracia, quando surge a possibilidade de construir objetivos comuns e sociedades. Obviamente, o uso que fazemos da expressão "biocracia" nada tem a ver com Comte, indicando antes o atual domínio sobre a vida e seus fluxos potenciais. Daí porque em bio*cracia* utilizamos o radical *krátos* (κράτος) – e não "política", como em "biopolítica" – para aludir a formas de poder que se impõem, pelo menos aos olhos helênicos, de maneira violenta, tal como a aristocracia e a democracia, diferentemente do que ocorre com o poder tradicional, fundado em si mesmo e em sua venerável antiguidade, que se constrói então com base na ideia de *arkhé*, a exemplo da monarquia[7]. Dessa feita, a díade de Comte é biocracia/sociocracia, pois ele dá ênfase à passagem de uma fase biológico-animal para outra de natureza social e "civilizada". Por seu turno, o par categorial que aqui utilizamos é biocracia/biopotência. Com ele não temos em vista qualquer processo evolutivo ou progressivo, e sim a crítica ao violento *krátos* que domina nossas vidas, apontando também para a necessidade de sua desativação por potências sempre mutantes e irredutíveis aos dispositivos que querem imobilizá-las.

É por isso que toda verdadeira biopotência precisa se tornar biorresistência, ou seja, um conjunto de práticas que objetivam manter a potência viva e mutante, desinstituindo os poderes

---

[7] Sobre as várias formas linguísticas mediante as quais os gregos constituíram suas tipologias "cráticas" ou "árquicas" do poder, cf. OBER, 2007.

que querem fixá-la. Assim como as estratégias da biocracia são várias, a biorresistência também deve saber se reinventar de múltiplas maneiras, tensionando o corpo, mantendo-o *an-árquico* e assumindo uma série de práticas de cuidado de si que vão desde o consumo de alimentos que não reforcem a biocracia e abram novas possibilidades sensoriais e de contato consigo próprio, chegando a autocríticas corporais que, por exemplo, não se sujeitem à utopia do corpo perfeito e sexualmente desejável vinte e quatro horas por dia, imposto pelos padrões inalcançáveis da sensibilidade neoliberal que, na verdade, só geram culpa, angústia e frustração diante de nossa "incapacidade" de sermos estrelas do cinema, do esporte e do espetáculo em geral. A biorresistência se constrói como prática de si que vai muito além da aceitação dessa espessa camada de conceitos e pré-conceitos que aprendemos a chamar de "eu", apostando em uma dimensão impessoal e incapturável com a qual se pode verdadeiramente amar a vida.

Falamos de nossas incapacidades, e nisso está um ponto importante para entendermos a biopotência. Como discutiremos no capítulo seguinte, o próprio Aristóteles dizia que a potência envolve também uma potência-de-não. Tal diz respeito aos limites da potência e tem a ver com a compreensão de que não se pode tudo. Há uma potência de ser e uma potência de não ser. A potência de não ser é igualmente potente e não se resolve em uma impotência, ou seja, em uma negação da potência. A potência-de-não é uma outra dimensão da potência, como demonstrou Giorgio Agamben (1993) em vários textos, e se relaciona ao poder-o-não, nunca com o não poder. A potência-de-não torna a potência ainda mais potente: ela pode tanto que pode até mesmo o não. É encontrando esse seu limite interno que a potência se revela como verdade e autenticidade, e não projeto vazio. No que diz respeito à biopotência, sua potência-de-não só pode ser a morte. A possibilidade de morrer faz parte da potência de viver, de se transformar, de mudar. Só não aceita a morte uma vida que não é vida, mas mera repetição do mesmo.

28

Dessa feita, assumimos uma posição diametralmente oposta à do jovem Wittgentstein, para quem a morte não faz parte da vida, dado que não pode ser vivenciada[8]. É evidente que o filósofo austríaco só pôde sustentar essa ideia por meio de uma intensa afirmação da dimensão do ato, esquecendo-se completamente da potência, razão pela qual precisa apelar sub-repticiamente para as noções de pessoa, identidade e propriedade de si, todas elas objeto de nossas críticas nas próximas páginas. Muito além do "eu" e dos processos de subjetivação, que de fato não podem "vivenciar" o último instante da própria cessação, está a singularidade da morte que torna a vida viva, bem como a capacidade de pensá-la e experimentá-la em uma espécie de antecipação que dá sentido à existência, pois nos conscientiza de nossa finitude e da necessidade de, portanto, viver, a exemplo do que sustenta Heidegger. Parece-nos interessante como, durante a terrível experiência da guerra, Wittgenstein mudou completamente sua opinião, anotando em 09 de maio de 1916 em seu diário: "É a morte e não outra coisa, o que dá sentido para a vida". Por isso, o herói grego se preocupava em ter uma morte digna de sua vida, que fosse parte de sua vida, que fosse a potência-de-não de sua vida; ele queria *poder o não* de sua vida, jamais o *não poder* a vida.

Em termos concretos, a potência-de-não da biopotência, a morte, se mostra na percepção de que todos somos frágeis, todos somos passageiros e precários. No belo livro *Vida precária* (2006), Judith Butler indicou que essa é, talvez, a característica que nos torna humanos. Mais do que a racionalidade abstrata ou qualquer outra habilidade, é o saber de nossa precariedade, é a compreensão coletiva de que todos estamos sujeitos a mudanças nem sempre prazerosas e muitas vezes danosas, que nos faz humanos. Podemos representar para nós mesmos nossa própria finitude, nossa própria morte e, paradoxalmente, só podemos

---

[8] Ele afirma no aforismo 6.4311 do *Tractatus logico-philosophicus*: "A morte não é o acontecimento da vida. Não se vive a morte" (WITTGENSTEIN, 2008).

fazê-lo porque estamos vivos. Não somos perduráveis como as pedras. A biopotência envolve então essa extrema consciência da transformação, que por envolver a todos nós, aparece como dado ontológico primário e coletivo, que apenas pode ser experimentado radicalmente quando se abandona o desespero daquele "eu" individual que sabe que morrerá em algum momento. Movemo-nos assim em direção da aceitação da nossa comum precariedade, reconhecendo que tudo sofre e morre porque tudo vive. Somente a partir dessa compreensão coletiva do nosso ser e não-ser no tempo pode surgir algo como uma ética.

A
POTÊNCIA
É TOTALIDADE

É TODO
SEM
CENTRO
NEM
FECHAMENTO

NELA
NÃO
HÁ
CLAUSURA

NÃO
TOTALIZANTE

ἐνέργεια/δύναμις

1. ato/potência

Um pensamento à altura do nosso tempo precisa colocar em xeque não apenas as certezas herdadas, mas principalmente ser capaz de problematizar os lugares do poder que hoje estão ocupados por processos de (des)subjetivação[9]. Isso significa assumir, por um lado, a perspectiva de Foucault, entendendo que o poder não é uma coisa e não se traduz apenas e nem prioritariamente em dispositivos estatais ou econômicos como "o" Estado ou "o" mercado. Poder é fluxo; e por isso ele não *é*, sempre *está sendo*. Por outro lado, torna-se necessário perceber que o poder corresponde somente à face visível de processos muito mais complexos, dinâmicos e mutantes, traduzidos sob o nome de *potência*. Tudo poder é signo de uma potência. Mais ainda: todo poder indica o ocultamento de uma potência. Trata-se do recalque que vem à tona quando os processos de (des)subjetivação que nos atravessam continuamente relegam à sombra o comum substrato potencial que nos constitui.

---

[9] Como toda subjetivação implica uma dessubjetivação e vice-versa, sendo processos que se pressupõem uns aos outros, neste livro será utilizada a palavra composta *(des)subjetivação* para fazer referência ao processo como um todo em suas dinâmicas constitutivas e desconstitutivas. Quando, ao contrário, a ênfase do argumento recair sobre um momento específico de subjetivação ou de dessubjetivação, utilizaremos a respectiva palavra não composta.

Salvo raras exceções, a filosofia ocidental consiste em uma filosofia do ato. Nada é mais exemplar para demonstrar isso do que o curioso raciocínio de Leibniz, para quem vivemos no melhor dos mundos possíveis porque Deus, em sua infinita sabedoria, já teria visualizado antes da criação todas as versões do universo, tendo trazido à existência exatamente esta, já que as outras seriam inferiores. Assim, toda e qualquer potencialidade é inferior ao ato. Para nossa tradição, o tornar-se atual possui dignidade ontológica superior à mera potência. Afinal, o que existe foi escolhido e criado por Deus, enquanto as potencialidades são versões falhas e incompletas da perfeição existente (LEIBNIZ, 1710).

Do mesmo modo, não devemos nos esquecer que Aristóteles criou a categoria da potência para se desembaraçar do espinhoso problema do movimento – ou da mudança, em termos modernos – que havia dividido os pré-socráticos em mobilistas quase místicos e imobilistas absurdos. O problema do movimento recebeu de Platão a pior – e mais duradoura – das soluções, aquela que separa a realidade em duas instâncias para explicar que aquilo que *é*, é verdadeiro e permanece sempre assim, já que a mudança se dá apenas na aparência, constituindo objeto da opinião (*dóxa*, δόξα), nunca da ciência (*epistême*, ἐπιστήμη). Contrariamente a essa teoria tão sedutora para mentes mágicas, Aristóteles reunificou a realidade e passou a cindi-la de maneira interna. Dessa forma, ele se distancia de Platão, que vê a cisão como algo exterior ao real e que, por isso, pressupõe duas dimensões de cognição – essência e aparência – externamente uma em relação à outra, como prova a doutrina da *khôra* (χώρα), essa espécie de abismo que separa o mundo das coisas sensíveis daquele das essências inteligíveis, conforme ilustrado no célebre mito da linha dividida.

É a potência que garante a mudança e o trânsito na realidade, explica Aristóteles, pois as potencialidades das coisas estão nelas mesmas, como o homem está no menino e a árvore de carvalho está na semente de carvalho. A potência é, com efeito, princípio de mudança (*arkhé metáboles*, ἀρχὴ μεταβολῆς)

(ARISTÓTELES, 2000b, 1046a). Todavia, Aristóteles privilegia o ato, vendo-o como algo superior à potência. Segundo afirma, o ato é anterior à potência, precedendo-a na noção, na substância e, de certa maneira, no tempo (2000b, 1048b-1050a). Aristóteles sustenta que o ato constitui o fim (*télos*, τέλος) da potência, pois tudo que é potencial tem por destino tornar-se ato, sem o que não completa seu ser. Por isso, o eterno está sempre em ato, nunca em potência, dado que, de certo modo, não pode deixar de ser – o eterno está sempre sendo, continuamente. Por sua vez, a potência envolve necessariamente o poder e o poder-o-não (2000b, 1050b, 5-20). Um exemplo: alguém que toca guitarra não precisa estar tocando o instrumento todo o tempo, não precisa estar sempre atualizando sua arte, pois mesmo parado o guitarrista conserva em si a potência de tocar e, nesse sentido, pode também o não, pode o não tocar, sem com isso perder a arte de tocar guitarra, atualizável a qualquer momento. Agamben (1999) notou com perspicácia – e contrariamente a Aristóteles – que, na verdade, a potência é mais "potente" do que o ato, pois ela pode mais: pode poder e pode poder-o-não (nunca não-poder, pois nesse caso se negaria a potencialidade), enquanto o ato não pode o não-ato. No entanto, foi a posição de Aristóteles, bem ou mal compreendida, que determinou de maneira decisiva a autodescrição que o Ocidente fez e ainda faz de si mesmo, limitando a potência a uma mera "possibilidade" (que não é o mesmo que potencialidade, como veremos no último capítulo), a um não-ser que, só quando vem a ser e se cristaliza no ato, passa realmente a "existir". A potência se identificou assim com algo carente de ser, enquanto o ato passou a ser visto como pura presença.

A filosofia, a ciência e o pensamento crítico em geral têm se limitado à esfera do ato, exigindo a consideração das chamadas "condições objetivas" para efetivar qualquer análise do real, como se as potencialidades que gravitam no tempo e no ser fossem simplesmente não-existentes ou, pior ainda, ideologias utópicas e irresponsáveis. Ainda que pensadores modernos como Spinoza e contemporâneos como Deleuze, Agamben e Negri tenham insistido na necessidade de valorizar a potência como alternativa à violenta monocultura do real, ainda se está longe de conceber toda a vitalidade dessa via de fuga. Nesse sentido, somos todos "marxistas" de segunda categoria, quer admitamos ou não, quer sejamos capitalistas ou comunistas. O "marxismo" empobrecido e vulgar, típico da II Internacional, é uma excelente metáfora para evocar a visão de mundo que – curiosamente hoje dominante na racionalidade neoliberal – enxerga na produção e na obra a única realidade, relegando tudo que é "espiritual" ou "ideal" ao reino sombrio da ideologia e do inexistente. Esse longo logro acaba nos convencendo que Real = Ato, sendo as potencialidades apenas atos em gestação, irrealidades que somente se vierem a luz serão dignas de serem pensadas. É com base em construções assim que o direito, a política, a medicina, a educação e a economia contemporâneas descansam, rechaçando para um mundo de faz-de-conta, para o domínio das prateleiras de ficção científica, aquilo que é classificado como inefetivo e, portanto, não objetivo. Impõe-se dessa maneira o domínio de uma poderosa *dóxa*: aquela que transforma alguns caminhos tomados por parte da humanidade – por exemplo, o neoliberalismo, a oposição binária de gêneros, a valorização da propriedade, a medicina tecnificada, a democracia representativa – no destino de toda a espécie, no seu *nec plus ultra*, na sua razão de ser.

Ao contrário, somente um pensar da potência pode nos libertar da ilusão monocultural de um só mundo, uma só economia, uma só autoridade, um só direito, etc. E isso inclui, por óbvio, aplicar a potência à biopolítica, já que esta é a forma atual que o poder e o ato tomaram para si, independentemente de suas variações. Quer se trate de uma biopolítica das populações como descreveu Foucault (2004a) ou de uma biopolítica da morte como aquela teorizada por Mbembe (2003), quer, finalmente, se tenha em vista uma microbiopolítica hormonal-pornô à semelhança do que propõe Preciado (2008), em todos os casos o que percebemos é o primado da obra e da produção, seja de cidadãos dóceis, de cadáveres ou de estilos de vida alternativos. Até mesmo a biopolítica de Hardt & Negri (2000 e 2004), centrada na produção de bens imateriais – valores, códigos, linguagens, afetos, cuidados, serviços, etc. – efetivada por uma multidão de singularidades irrepresentáveis deixa de lado a dimensão da potência para se centrar na obra. Poder, ato e obra não se separam; seus frutos são construtos tão ferozmente defendidos quanto paradoxalmente abstratos: pessoa, direitos humanos, história, tradição, democracia representativa, pátria, moral, deus, alma, etc. É claro que neste livro não pretendemos sustentar que as aproximações teóricas desses autores sejam destituídas de valor ou que não sejam críticas em relação ao cenário social de violência e de desigualdade hoje generalizado no planeta. Queremos apenas sublinhar que elas não conseguem alcançar a intensidade crítica característica da potência, ainda que muitas dessas propostas flertem com tal possibilidade. Com efeito, atingir a dimensão da potência exige assumir aquilo que é rechaçado pela tradição como "inefetivo", "subjetivo" ou "utópico".

Diferentemente da tradição, na perspectiva da contínua expansão da potência, o inefetivo corresponde a tudo que se pretende estável. A consequência básica de tal assunção é que a biopolítica se converte em *biopotência*, abandonando os conceitos fundamentais que até agora a caracterizaram, tais como os de representação, cidade, pessoa e corpo. Todos eles funcionam, conforme ensinaram Deleuze & Guattari, à maneira de sínteses disjuntivas: separam porque unem e unem ao separar[10]. Por sua vez, a potência corresponde ao reino do não separado, do contínuo, do universo sem bordas que pensavam os estoicos e que, por isso, é infinito. No argumento estoico original recolhido por

---

[10] A expressão "síntese disjuntiva" foi originalmente proposta por Gilles Deleuze & Félix Guattari, tendo sido apropriada por Michael Hardt & Antonio Negri em suas críticas à representação política. A ideia remonta às noções de repetição e memória desenvolvidas em DELEUZE; GUATTARI, 1972.

Simplício, se alguém conseguisse se postar à beira do universo e estendesse a mão, somente encontraria o vazio infinito onde não há matéria. Se por acaso encontrasse alguma barreira que o impedisse, deveria se imaginar estendendo a mão nas bordas dessa barreira e assim sucessivamente, de maneira que parece impossível deixar de conceber algo como o vazio[11].

O argumento dos estoicos pode ser profanado mediante a substituição do lugar do vazio pela expansibilidade da potência. Ora, pensar o vazio significa qualificá-lo, trazê-lo para a esfera do pensamento, abri-lo à potência do pensar que *pode* sempre se dirigir para além do vazio, para além do nada, e isso paradoxalmente com base no próprio vazio, no próprio nada. O simples ato de imaginar as bordas do universo, que fariam fronteira com o nada, basta para percebermos que a função do pensamento consiste, basicamente, em colmatar vazios, preencher o nada com algo que, ainda que não seja atual, nem por isso é irreal: trata-se do potencial. O vazio se revela então como o lugar de expansão da potência. Dessa maneira, à pergunta sobre o que vem depois das bordas do universo, somente se pode responder com o contínuo pensar desse lugar enquanto potência expansiva, potência de universo.

O mesmo exercício filosófico pode ser feito em relação ao corpo, compreendendo então que suas bordas – a pele que nos separa do universo circundante – não são fronteiras necessárias ao encapsulamento do ser, mas apenas níveis de ultrapassagem para outro corpo e para o ambiente; este não é um não-corpo, e sim potência de corpo. Conceber o corpo nessa dimensão de

---

[11] "Os estóicos pretendem que haja um vazio fora do mundo e provam isso por meio da seguinte suposição. Imaginemos alguém na borda das esferas fixas esticando a mão para cima. Se ele esticar, eles presumem que existe algo fora do mundo no qual ele esticou, e se ele não pode esticar, haverá algo externo que o impedirá de fazê-lo. E se ele ficar no limite disso e estender a mão, uma pergunta semelhante surgirá. Pois algo que também está fora desse ponto terá mostrado que existe" (SIMPLICIUS, *On Aristotle's "On the heavens"*, 284, 28 e 285, 2, constante de LONG; SEDLEY, 2006, p. 295).

simultaneidade e extensibilidade em relação ao mundo que o circunda – nele incluindo outros corpos humanos, animais, vegetais e minerais – traria, sem dúvida, a possibilidade de outra medicina e outro direito, que não se limitariam a recortar os seres viventes do fluxo da realidade, que entenderiam o corpo como carne em expansão, informe, monstruosa porque digna de mostrar-se, de aparecer em sua verdade potencial. Em uma realidade assim, perderia sentido a ideia de pessoa que, afinal de contas, como denuncia a origem romana do vocábulo teatral *persona*, não é mais do que uma máscara sobreposta ao rosto.

Se o rosto está em constante expansão, se ele nunca se define pela camada de pele que o recobre e lhe dá forma, ele passa a englobar e a conter em si mesmo a própria máscara que, assim, *pode* eventualmente sumir no turbilhão da carne, no turbilhão da potência. E sem pessoa-máscara não há necessidade de representação, pois não se está diante de algo que possa ser repetido, presentado, encarnado simbolicamente. Como no conto de Jorge Luis Borges, *Sobre o rigor na ciência*, o mapa (que é a representação) se tornaria inútil porque coincidiria ponto por ponto com a realidade que pretende representar (que hoje é a pessoa ou o corpo). Nessa perspectiva contrarrepresentacional, Borges narra o caso de cartógrafos que queriam criar o mapa perfeito; cada vez o faziam mais detalhado, até que em certo momento ele se tornou tão minucioso – tão representativo – que passou a recobrir a própria realidade, evocando cada grão de areia *in acto* mediante sua rigorosa sobreposição e inscrição no papel:

> Naquele Império, a Arte da Cartografia logrou tal Perfeição que o mapa de uma só Região ocupava toda uma Cidade, e o mapa do Império, toda uma Região. Com o tempo, esses Mapas Desmesurados não satisfizeram e os Colégios de Cartógrafos levantaram um Mapa do Império que tinha o tamanho do Império e coincidia pontualmente com ele. Menos Aficionadas ao Estudo da Cartografia, as Gerações Seguintes entenderam que esse dilatado Mapa era Inútil e não sem Impiedade o entregaram às Inclemências do Sol e dos Invernos. Nos desertos

do Oeste perduram despedaçadas Ruínas do Mapa, habitadas por Animais e por Mendigos; em todo o País não há outra relíquia das Disciplinas Geográficas[12].

Se a representação consiste sempre em um mapa que pretende fazer visível o invisível, tornar presente o ausente, a potência é exatamente a realidade que não se deixa representar porque recusa a separação e coincide com o mundo. A potência está em todo lugar, é jamais-ausente, e isso porque sua eventual atualização nunca a esgota. Só o atual pode ser mapeado, representado. E a representação, paradoxalmente, nega o real, tal como o mapa de Lewis Carroll (1895) em que Borges parece ter se inspirado, um mapa feito à escala da realidade (*"on the scale of a mile to the mile"*) e que, portanto, tapava o sol. Melhor será, concluem os fazendeiros, usar o país como mapa do próprio país. Funcionará quase tão bem como o mapa anterior, nos asseguram.

Sem representação, sem pessoa e sem direitos que possam ser atribuídos, compreende-se que a cidade pensada pela tradição deixa de ser necessária. Não se pode esquecer que a cidade – e a política que dela emerge – é o local originário da separação, pois nela se dá a experiência fundamental do ser cindido. A cidade corresponde antes de tudo ao lugar em que se separam livres e escravos, pecado original que impregna toda política, toda biopolítica. Não por coincidência, na cidade se celebra ao mesmo tempo o auge da civilização e a invenção da escravidão. Segundo James C. Scott, na cidade operam as cisões fundamentais que, na verdade, são domesticações: das plantas, dos animais, dos prisioneiros, das mulheres. É só com a cidade que emerge o homem dominante em sua atualidade aterradora. Ao contrário do mito do progresso narrado em verso e prosa pela cultura ocidental, os primeiros impérios surgidos com o plantio em larga escala de cereais que poderiam ser estocados

---

[12] Originalmente publicado por Jorge Luis Borges sob o pseudônimo de Suárez Miranda em *Los Anales de Buenos Aires*, ano 1, n. 3, 1946. Atualmente presente em BORGES, 1960.

– gerando assim não só produção, mas acumulação e desigualdades sociais – não correspondem a sociedades idílicas em que os seres humanos escaparam da fome e da violência, sendo antes verdadeiros currais infectos cheios de doenças e das mais cruéis formas de assujeitamento. Nesse sentido, diversos dados etnográficos e arqueológicos demonstram que nas primeiras cidades conhecidas do Oriente Médio a expectativa e a qualidade de vida decaíram enormemente, em especial se comparadas com as taxas dos "bárbaros" que, vivendo fora das cidades, se negavam a ser domesticados e "cidadanizados" (SCOTT, 2017).

Por isso mesmo, a biopolítica – a *bio-pólis* – precisa se converter em biopotência. Somente assim será possível enfrentar as construções sociais que, a exemplo da forma-pessoa, fecham as vias para as rotas de fuga da obra, da produção e da acumulação que impedem não apenas uma humanidade redimida, mas uma vida *ex-culpada*, ou seja, à qual já não se pode impor a culpa enquanto operador metafísico básico que exige, como contrapartidas, o direito, o pai e a pena. A partir dessa compreensão crítica da biopolítica *podemos* superar o léxico e as práticas tanato e necropolíticas que o mundo "civilizado" herdou. São inspiradoras, nesse sentido, as palavras com que Roberto Esposito encerra seu ensaio *Biopolítica e filosofia do impessoal*:

> O que resta para ser pensado, uma vez assinalada a diferença, é a possível conjunção dessas duas trajetórias [de Foucault e de Deleuze] em algo que poderia se transformar em uma biopolítica afirmativa, já não definida pelo poder sobre a vida, como aquele que o século passado conheceu em todas suas tonalidades, mas por um poder da vida. Em seu centro, mas também em suas extremidades, só pode haver uma clara tomada de distância do dispositivo hierárquico e excludente em todos os sentidos – teológico, jurídico, filosófico – que é a categoria de "pessoa". Tanto a noção deleuziana de imanência como a foucaultiana de resistência se movem nessa direção: uma vida que coincida até o final com seu simples modo de ser, com seu ser tal qual é – "uma vida" precisamente singular e impessoal –, não podendo senão resistir a qualquer poder ou saber orientados a cindi-la em duas

zonas reciprocamente subordinadas. Mas isso não quer dizer que tal vida não possa ser analisada a partir do saber – fora do qual, ademais, permaneceria muda ou indiferenciada – ou que seja irredutível ao poder. Contudo, deveria sê-lo sob uma modalidade capaz de modificá-los, transformando-os com base em suas próprias exigências a um e a outro, produzindo assim um novo saber e um novo poder em função da própria expansão quantitativa e qualitativa (ESPOSITO, 2011, pp. 50-51).

Essa "modalidade" de que fala Esposito só pode ser a potência. Somente ela pode abrir espaço a um poder *da* vida no lugar de um poder *sobre* a vida. Nas páginas seguintes tentamos apresentar exemplos disso que Esposito chama de "biopolítica afirmativa", ou seja, de um *bíos* que não se reduz ao poder e que não se declina sob o jugo das categorias da *pólis*, tal como as de pessoa, obra e representação. Por isso preferimos falar, no lugar de biopolítica, de uma *biopotência* capaz de pensar e experimentar a vida em seus processos, em suas singularidades e em sua totalidade. Por óbvio, não temos nenhuma pretensão de esgotar o tema ou apresentá-lo sob a forma de um tratado erudito. Trata-se, na verdade, de aproximações a uma linguagem que, mesmo que nos integre, não conhecemos bem, e que por isso precisa ser ouvida e amada, não encerrada nos limites de uma gramática ou de um manual.

Todavia, ainda que nossa proposta seja precária, experimental e limitada, há alguns pressupostos de que não podemos nem queremos escapar. Eles indicam a necessidade de superar não só a noção de biopolítica, mas também a de impessoal que, como conceito negativo, sempre exige, como prioridade lógica, a de pessoa, em um movimento de negação que o próprio Esposito critica (2018). Desta feita, mais do que uma filosofia do *im*pessoal – que nada mais é do que o polo que, na máquina antropológica, ativa o polo oposto do pessoal –, queremos contribuir para uma filosofia *da vida*, ou melhor, *do vivo*, daquilo que, não sendo conceito abstrato – a vida em geral –, se mostra em configurações singulares: os vivos, uns vivos, uns *quaisquer*. Uma "biopolítica afirmativa" não pode se fundar em uma noção de impessoal simplesmente decalcada da ideia de pessoal, como se o pessoal (o ato) sempre precedesse o impessoal (a potência).

E, repetimos, tal não se resolve em mera biopolítica, pois a *pólis* de que esta deriva é exatamente o lugar em que dominam as díades, as separações e as sínteses disjuntivas, e mais tarde as dualidades e o direito que Esposito denuncia[13]. Trata-se de pensar não simplesmente o político ou o impolítico, mas aquilo que pode contê-los e superá-los – a potência – na medida em que contém em si, sem negá-lo, o ato. Isso exige, eventualmente, pensar o vivo em conjugação com o não-vivo, que constitui também uma das potencialidades do *bíos*. A potência é totalidade não totalizante, é todo sem centro nem fechamento; nela não há clausura.

---

[13] Especialmente no segundo capítulo de ESPOSITO, 2007.

δέμας[14]
2. corpo

[14] Considerando a inexistência no grego clássico de uma palavra que sintetize a ideia de corpo debatida neste capítulo, decidimos utilizar o termo *démas* (δέμας) e não *sôma* (σῶμα), de uso mais habitual. E isso porque, para os gregos anteriores a Hesíodo, o conceito de *sôma* se referia ao corpo morto, ou seja, ao cadáver, de modo que essa noção é diretamente oposta ao que queremos discutir neste capítulo. Em relação a outras palavras como *sárx* (σάρξ, "carne"), da qual provém "sarcófago", entendido como "devorador" (*fágein*, φάγειν) de carne, ou outros termos comuns em uma cultura que não tinha um vocábulo genérico definitivo para se referir ao corpo em sua totalidade, *démas* nos parece de grande utilidade, já que se relaciona precisamente ao corpo vivente. É o que assinala Nicole Loraux quando se refere à *Odisseia* de Homero, ao mesmo tempo que comenta que outra tradução possível da palavra *démas*, como por exemplo a de Bérard e Jaccottet, que se liga à ideia de "características" e não a de "corpo", acaba por forçar o texto homérico. Assim, o uso do termo *démas*, que se encontra em Homero e que se refere, segundo Loraux, à totalidade do vivente enquanto vivente, parece o mais adequado para os desenvolvimentos teóricos propostos neste livro (cf. LOURAUX, 2004, pp. 457-458).

Antes de mais, precisamos fazer um breve esclarecimento conceitual, relativo ao uso do termo "corpo". Seria impossível neste livro, por razões que logo discutiremos, lançar mão de conceitos jurídico-teológicos como *pessoa* ou *cidadão*, os quais implicam desde sempre cortes, cesuras, separações e exclusões-inclusivas, sendo incompatíveis, portanto, com um discurso que parte da ideia de potência. O termo *ser*, em sua amplitude, poderia parecer mais adequado. Contudo, como já demonstraram vários autores, entre os quais Giorgio Agamben, *ser* é o operador central da ontologia ocidental da presença e de sua metafísica dualista que opõe o existente ao não-existente, o ser ao nada e o ato à potência, sempre submetendo hierarquicamente o segundo termo ao primeiro (AGAMBEN, 2014, pp. 155-178). Por isso, *ser* também nos parece uma palavra inaceitável neste estudo. A especificação *ser vivente*, por vezes utilizada pelos autores da *italian theory*, inclusive o próprio Agamben, não oferece grande auxílio, pois se limita a especificar, mediante o adjetivo "vivente", a realidade substancial e em última instância não modalizável do *ser*. Todavia, a expressão *ser vivente* representa, em outro sentido, um ganho epistemológico, pois traz ao debate, ainda que de forma tangencial, a categoria do vivente, que aponta abstratamente para a vida. É claro que essa abstração precisa ser circunscrita de algum modo, caso não queiramos que nosso discurso se limite a um amontoado de afirmações genéricas e inespecíficas. Daí surge a ideia de *corpo*. No entanto, ela se revela muito restrita, uma vez que, em uma primeira abordagem, funciona enquanto limitador da vida, um continente de um conteúdo, indicando as fronteiras ou os limites capazes de encerrar e conter a vida.

Nesse sentido, não é uma coincidência que o conceito de *corpo* tenha caracterizado, na física clássica, uma entidade recortada do mundo e sujeita a leis próprias, o que inclusive influenciou pensadores autoritários como Hobbes (1965, pp. 131-132), que teorizou, contra a plural e impolítica multidão, a necessidade de constituir um corpo político centralizado. Entendido dessa maneira limitada, o corpo se mostra particularmente problemático para um pensamento da potência, que tem em vista a expansibilidade, o excesso, o fluxo, a mescla e o movimento. Passa-se assim à noção de *carne*, que traduz muito bem a indeterminação quase monstruosa da vida que se expande e, diferentemente do corpo, não tem limites precisos. Mas ainda não é o termo exato, pois a carne, em sua materialidade animal específica, exclui do universo da vida sua dimensão vegetativa que, sendo a mais simples, é também a mais comum, presente em todos os seres vivos.

Evidentemente, para pensar a potência comum não se pode desconsiderar qualquer vida, em especial a das plantas, como se elas fossem viventes de segunda categoria, plena e integralmente matáveis[15]. De fato, optar pela carne equivaleria a atualizar um velho preconceito aristotélico apresentado no *De anima*, que dividindo a vida em vegetativa/nutritiva, sensitiva/desiderativa e racional/discursiva[16], hierarquiza plantas, animais e

---

[15] Para uma potente filosofia das plantas, cf. COCCIA, 2018.

[16] Apenas a título exemplificativo, cf. o seguinte trecho: "[...] chamávamos potências as faculdades nutritiva, sensitiva, desiderativa, motora e discursiva. Nas plantas se dá apenas a faculdade nutritiva, enquanto nos outros viventes se dá não só esta, mas também a sensitiva. Por outro lado, a se dar a sensitiva, neles também se dá a desiderativa. O apetite, os impulsos e a vontade são três tipos de desejos. Contudo, todos os animais possuem ao menos uma das sensações: o tato. [...] há animais que, para além dessas faculdades, têm também a do movi-

seres humanos, confiando a estes o senhorio dos demais. Configurou-se assim um paradigma que, tanto na teologia como na ciência moderna, reservou aos humanos não apenas uma posição de domínio, mas o dever de submeter todos os demais viventes à sua vontade, guiada pela razão abstrata. Nisso, tanto o *Gênesis* quanto Francis Bacon coincidem: ambos destinam ao ser humano um papel separado e dominador da vida, seja porque se assemelha ao criador, seja porque, identificando-se saber e poder, é a única criatura racional, que portanto pode porque sabe.

Impõe-se então, por óbvio, o abandono do paradigma da carne, o que se dá mediante a retomada da ideia de *corpo*, entendido agora não mais como limite ou continente da vida, mas enquanto seu específico *lugar*: o corpo é o lugar da vida. Nessa perspectiva, o corpo já não representa o papel de limite ou fronteira, sendo antes *limiar*, traduzindo desse modo uma dimensão que possibilita a comunicação, a passagem e, em última instância, a mistura dos polos duais – alma e corpo *stricto sensu*, razão e emoção, humano e animal, homem e mulher, vida e morte etc. – característicos da tradição. Em outro registro, Roberto Esposito apresenta o corpo como a dimensão que possibilita a contínua passagem e a confusão entre pessoas e coisas, tratando-se da instância que eventualmente pode desativar esses dois polos da máquina teológico-política do Ocidente, razão pela qual ele parece apostar, ainda que com muitas reservas, na potência de uma multidão ainda informe, mas claramente antagonista diante dos velhos dispositivos do poder que não só separam a realidade em pessoas e coisas, mas também dividem o próprio corpo político – que poderia unificar ambas as instâncias – em díades como alto e baixo, cabeça comandante e corpo comandado, etc[17].

---

mento local; outros têm, ademais, a faculdade discursiva e o intelecto: este é o caso dos homens e de qualquer outro ser semelhante ou mais excelso, caso exista" (ARISTÓTELES, 200a, 414a-414b).

[17] "Ainda desprovidos de formas organizativas adequadas, corpos de

Com efeito, é no corpo que a potência da vida se singulariza. Somente por meio desse paradigma corporal podemos pensar uma biopotência que encare a vida não como um universal abstrato inexistente, que se reflete fantasmagoricamente em particulares versões miniaturizadas e hermeticamente fechadas desse mesmo universal. Ao contrário, o corpo oferece um *campo imanente* em que a vida se singulariza sem cessar em suas múltiplas mostrações em seres humanos, animais e plantas. Nesse sentido, podemos entender o corpo como o lugar da potência, de modo que nunca se *tem* um corpo. Da mesma maneira, não se *é* simplesmente um corpo, pois sempre se *está sendo* um corpo, um corpo que pode: *corpotente*.

Se, como quer Sêneca – e, a seu modo, Heidegger –, a filosofia corresponde à arte que ensina a morrer bem, jamais teremos êxito nessa empreitada se não adotarmos uma perspectiva expansiva, excessiva e inclusiva da vida, capaz de transcender sua versão meramente humana e apontar para a pura imanência que jamais pode ser recortada ou cindida. Daí porque *corpo* – e não *carne, ser vivente, ser, cidadão* ou *pessoa* – deve ser o campo em que se desenvolve nosso pensamento. Disso deflui a percepção de que o corpo não pode deixar de enfrentar esses outros dispositivos que, em escala de agressividade crescente – partindo da *carne* e chegando à *pessoa* – aprofundam a separação e a exclusão, a qual tem seu momento máximo no "humanista" e "universal" dispositivo da pessoa.

mulheres e de homens pressionam as bordas dos nossos sistemas políticos, pedindo para transformá-los em uma forma irredutível às dicotomias que há muito produziram a ordem política moderna. Qual será o resultado dessas dinâmicas é ainda incerto. Mas o que surpreende é a novidade radical que de qualquer maneira eles inserem na nossa história. Externo tanto à semântica da pessoa quanto à da coisa, o corpo vivente de multidões sempre mais vastas requer da política, do direito e da filosofia uma renovação radical dos seus léxicos. Veremos no curso dos próximos anos se estes saberão responder a tais demandas ou se fecharão em defesa de si mesmos antes de implodir definitivamente" (ESPOSITO, 2014, pp. 110-111).

Não é possível reconstruir aqui toda a crítica que o conceito de pessoa recebeu nos últimos anos. Limitamo-nos a fazer referência à obra exemplar de Roberto Esposito, que demonstra com riqueza de detalhes que a ideia de pessoa exige sempre uma cisão e uma separação, seja no âmbito teológico, no qual funda a noção de trindade divina e sua estranha *oikonomía*, seja no campo filosófico, em que se mistura ao problemático conceito de sujeito, seja, com muito mais força, no plano jurídico (cf. ESPOSITO, 2007). Neste, a partir do direito romano e até hoje, a pessoa configura um dispositivo de separação ontológica que divide a realidade em coisas e pessoas, sendo que o pertencimento a um ou outro desses mundos deriva de meras injunções do poder político do momento.

Se hoje todos os seres humanos são pessoas, diversamente do que ocorria no *ius civile romanorum*, tal não revela nenhum "progresso" ético, já que quase todos os seres viventes – e não só os humanos – continuam a ser tratados como escravos ou simples matéria bruta a ser morta e consumida. A cruel servidão dos animais e das plantas em escala planetária aparece aos olhos humanos enquanto pálida consequência do nosso domínio "racional" sobre o mundo, correspondendo, na verdade, a algo muito mais profundo: trata-se da prova inequívoca de que o dispositivo da separação se naturalizou e que permanece plenamente atuante, o que significa que, como comprovou o nazismo, a qualquer instante o ser humano ou certas categorias dessa espécie – mulheres, negros, migrantes, LGBTQIAP+, terroristas, esquerdistas, deficientes físicos ou mentais, etc. – podem ser novamente reenviados à terra de ninguém das coisas. Aliás, um exemplo disso é o etnocídio indígena patrocinado pelo governo Bolsonaro no Brasil, que se aprofundou ainda mais com a pandemia de COVID-19. Trata-se de dado objetivo e não de mera especulação. Um exemplo chocante basta para comprovar isso. Em decorrência da pandemia foi criada a Lei Federal nº 14.021/2020 para prevenir o contágio e a disseminação da COVID-19 nos territórios indígenas brasileiros. Nada obstante,

Jair Bolsonaro vetou várias normas da referida lei, em especial aquelas que previam acesso universal à água potável, distribuição gratuita de materiais de higiene, oferta emergencial de leitos hospitalares e de unidades de terapia intensiva e aquisição de ventiladores e máquinas de oxigenação sanguínea, medidas sem as quais as comunidades indígenas seriam – e estão sendo – dizimadas pelo vírus[18].

Como se percebe, a inserção no mundo das pessoas ou das coisas é meramente circunstancial e obedece aos ditames do poder político-econômico de turno. A aparente "civilidade" consistente na atual identificação formal entre ser humano e pessoa – que, de resto, no plano material não impede a contínua exploração e destruição de pessoas por meio das formas mais ultrajantes, desde a guerra até à fome, da pobreza à tortura e ao estupro, chegando até ao extermínio puro e simples – constitui apenas um arranjo contingente que pode ser transformado a qualquer momento e que só serve para nos convencer que, caso mantenhamos o léxico jurídico-político da pessoa, conservaremos inevitavelmente ativas as lógicas da separação e da exclusão-inclusiva excepcional. Põe-se então a necessidade de superar as mitologias da pessoa e de seu suporte privilegiado em nossos dias: o direito.

Invocar pretensões de direito produz, como efeito necessário, separações. Autores procedimentalistas, liberais e até mesmo algumas feministas não conseguem ver (ou se negam a ver), ainda que se julguem libertários, que dizer algo como "meu/nosso direito" implica imediatamente a cisão com os outros, ocasionado assim a radical politização da vida e sua inserção na *pólis* para que, somente dessa maneira, obtenha significado bio-jurídico-político. Ademais, quem conhece a estrutura lógica bilateral-atributiva característica do direito, sabe que toda invocação de um direito gera, caso se pretenda séria e fundada,

---

[18] Cf. <https://www12.senado.leg.br/noticias/materias/2020/07/08/bolsonaro-sanciona-com-vetos-lei-para-proteger-indigenas-durante-pandemia>. Acesso em: 20 abr. 2021.

um dever para outrem. Simone Weil tentou escapar dessa armadilha – ao nosso ver, sem sucesso – propondo uma teoria geral dos deveres no lugar da enumeração de direitos universais (cf. WEIL, 1949 e 1957a), sem perceber, contudo, que a exigência de cumprimento de um dever faz surgir o direito e seus dispositivos, já que um não vive sem o outro. De fato, se alguém tem um dever *jurídico* perante outrem – e, portanto, não se trata de mera boa vontade ou de moralidade sem coerções –, é óbvio que este último tem o direito de exigir que o primeiro cumpra sua obrigação.

O direito é um antigo demônio romano cuja invocação é sempre perigosa em razão daquilo que ele traz consigo. Se dizemos "meus direitos", estamos necessariamente ativando uma instância de deveres que não coincide conosco e que, para realizar e garantir esses supostos direitos, se arma com a organização e a monopolização da violência, tal como faz o Estado, esse grande "garantidor" de direitos. Não é coincidência o fato de que a afirmação dos direitos universais do "homem" veio historicamente acompanhada pela expansão policial e administrativa dos Estados chamados a concretizá-los. Mais ainda: a invocação de um direito traz à tona a necessária questão de sua legitimidade, ou seja, a pergunta sobre seus fundamentos, a qual costuma ser respondida mediante o apelo a um fraco convencionalismo que, no fundo, não difere do mitologema liberal do contrato social.

Ainda mais comum e arriscado é o recurso a instâncias transcendentes – Deus, a Razão, a Natureza, o Sangue, a Pátria, etc. – ou pretensamente objetivas, como na hipótese bastante questionável lançada por Robert Brandon (1994), que supõe a existência de uma objetividade racional construída pragmaticamente por meios inferenciais capazes de revelar estruturas normativas implícitas nas práticas de linguagem. Para defender tal posição seria necessário pressupor uma linguagem universal ou ao menos a universalidade da linguagem, o que é, no mínimo, controverso.

A própria Judith Butler, que tanto contribuiu para repensarmos os corpos e suas precariedades constitutivas, não consegue escapar do círculo de aço do direito. Ao tentar fundamentar sua teoria do direito de reunião (ou de assembleia, no léxico político anglo-saxão), ela não consegue ir além do óbvio e se fecha em uma proposição tautológica que afirma o "direito a *ter* direitos"[19]. Tal reivindicação de direitos, por mais que se pretenda pós-metafísica e fundada nos corpos dos que estão agindo performativamente nas ruas, ativa de maneira fatal toda a gramática da separação e da fundamentalidade inerentes à forma-direito. O discurso do "direito a ter direitos" parece não compreender que na era da biopolítica é a vida mesma que comparece como objeto de luta, dela surgindo não apenas a dominação, mas também a resistência, sendo inútil pretender mediá-la por dispositivos jurídicos, que ao funcionar acabam separando a vida de si mesma.

Esposito tem razão ao ler em Foucault uma aposta naquelas vidas de homens infames que, submetidas ou neutralizadas pelo direito, chegaram até nós sob a forma impessoal do arquivo. Esquecidos pelo direito ou nele implicados apenas de maneira exclusivo-inclusiva pelo ato mesmo da internação, esses homens sem fama confinados no Hospital Geral e na Bastilha, de quem Foucault pretendeu trazer à luz as histórias sob a forma de uma série de romances – ou melhor, uma "antologia de existências" –, não falam como sujeitos de direitos, mas enquanto vidas aferradas em sua irredutibilidade a qualquer norma[20]. Isso prova, como notou Foucault ao final de *A vontade de saber* – primeiro volume de sua *História da sexualidade* – que a vida, muito mais do que o direito, constitui o objeto das disputas políticas nos nossos dias, ainda que elas se formulem – como ocorre em Butler – por meio da afirmação de direitos.

---

[19] Cf. BUTLER, 2015. Em especial o ensaio *"We the people': thoughts on freedom of assembly"* (pp. 154-192).

[20] ESPOSITO, 2007, p. 171. Sobre a vida dos homens infames, cf. FOUCAULT, 2001C.

Um exemplo polêmico talvez esclareça o que queremos dizer. O problema na teorização de Butler é recorrente (e maximizado) em certos discursos feministas muito difundidos que, a pretexto de garantir à mulher sua dignidade própria, recorrem à ideia liberal de direito de propriedade. Nesse sentido, tem-se a justificativa biopolítica segundo a qual o corpo feminino pertence à mulher e por isso só ela poderia decidir sobre o aborto. Por mais que esse argumento tenha boas intenções, parece-nos insustentável e incoerente porque trata o corpo enquanto propriedade, ou seja, uma coisa separada da alma, da mente ou de qualquer outra instância do tipo e que por isso pode ser objeto de uma argumentação apropriante que corresponde, na verdade, ao discurso típico do Estado e do patriarcalismo bioárquico que o funda e mantém. Insistir na propriedade do corpo feminino, reduzindo-o a uma dimensão intensamente pessoal, equivale a aceitar os pressupostos substancialistas, personalistas e proprietários característicos do Estado e de sua lógica jurídica.

Segundo nos parece, a discussão sobre o aborto precisa ser retomada em um nível biopotente e não meramente biopolítico. Na dimensão da biopotência, não faz sentido dizer que certo corpo pertence a alguém, pois *um* corpo não se separa de *uma* vida; *um* corpo é *uma* vida na medida em que se mostra enquanto *uma* das potencialidades dessa vida, *uma* de suas configurações. De resto, a filosofia contemporânea, de Heidegger a Lévinas, (1982), de Deleuze a Agamben (2014, pp. 119-121)[21], já demonstrou que ninguém é dono do próprio corpo, já que os corpos são continuamente atravessados por tendências, inclinações, automatismos e necessidades que vão muito além da

---

[21] Para Agamben, a verdade do corpo se revela no estranho momento da necessidade corpórea de evacuar, quando esse ato nos parece ao mesmo tempo tão próprio e tão alheio, dado que o corpo "é um campo de tensões polares cujos extremos são definidos por um 'ser entregue a' e por um 'não poder assumir'. O meu corpo é dado originariamente como a coisa mais própria só na medida em que ele se revela ser absolutamente inapropriável" (cf. AGAMBEN, 2014, pp. 120-121).

vontade e do sujeito racional apropriador que nela se sustenta. A náusea, o vômito, a excreção, os tiques nervosos, mas também o tremer de fascinação e chorar diante de uma canção ou de uma pintura transcendem qualquer apropriação dos nossos corpos pelos sujeitos personalizados que os "habitam". Por mais que o Estado e a *persona* se arroguem a propriedade dos corpos, na verdade ninguém pode ser, constitutivamente, dono do próprio ou de outros corpos. Todo corpo se (des)constitui sem cessar por meio de impessoalidades, inexplicabilidades, involuntarismos e outras modalidades potenciais em relação às quais não temos nenhum controle.

Na luta contra a criminalização do aborto seria muito mais potente defender que tal medida jurídico-penal deriva de uma estrutura bioárquica que impõe às mulheres um papel estritamente reprodutivo, escravizante e personificador, fazendo seus corpos equivaler a simples fábricas de pessoas. No limite, toda mulher tende a ser personalizada de uma vez para sempre enquanto mãe, como se esse fosse seu destino e todas as outras potencialidades do corpo feminino devessem ser negadas à luz do ato máximo e completo da maternidade. À semelhança do melhor dos mundos possíveis de Leibniz (1710), a melhor variação das multiplicidades que se abrem para a mulher seria a transformação em mãe, o que equivale a negar a potência e a centrar-se autoritariamente no ato, na produção, na obra. A bioarquia personaliza ao identificar mulher e mãe, como se as mulheres não tivessem outras potências para além do papel (ou dever) reprodutor. Só a biopotência, e não o direito biopolítico, permite pensar o corpo feminino por meio de uma potência positiva e expansiva, injurídica e inapropriante.

O corpo da mulher é potência que se expande. Por isso ele não precisa se afirmar com o auxílio das formas arcaicas do direito de propriedade. Trata-se de um corpo autoconstitutivo que tem entre suas potencialidades a de dizer não ao ato que o resume a ter filhos, a gerar pessoas. Claro, pode-se dizer sim, mas aqui, uma vez mais, a liberdade se constrói superando as fronteiras da obra e da produção, demonstrando que a potência é, de fato, mais potente do que o ato: porque pode mais. Um corpo liberado do jugo do direito não precisa realizar qualquer destino histórico, natural ou social, revelando-se potente especialmente na inoperosidade, no poder-o-não. E se isso envolve negar que outro vivente venha à luz, resolve-se tal questão pela consideração de que a potência da vida é também potência da morte, tal como discutimos no final do nosso prólogo.

Evita-se assim toda a discussão infrutífera – ademais, completamente biopolítica e indecidível – sobre o início da vida do feto, a formação de sua senciência ou consciência, a implantação da alma e outros argumentos que, jurídicos ou teológicos, separam o corpo do feto e o corpo feminino. O discurso do "direito a ter direitos" – neste caso, direito de propriedade ao corpo – trata essas realidades (mulher e feto) como se estivessem cindidas e enfrentadas, cada qual com seus direitos liberais – direito ao próprio corpo *versus* direito à vida – contrapostos entre si, sem critério último de resolução em um doloroso processo que costuma, na prática, terminar na maior parte do planeta com a submissão total ou parcial da mulher. Uma perspectiva biopotente, diferentemente, vê um *continuum* entre o corpo feminino e o potencial corpo fetal que nela *pode* ser gerado, compreendendo que nessa relação imanente só a potência *pode* se autoconstituir, se autolimitar, se autorreproduzir ou não. Aí está a máxima potência, a pura imanência e a perfeita beatitude de que falava Deleuze em seu derradeiro texto que logo discutiremos. É por isso que o aborto não deve ser criminalizado, e não devido a qualquer arguta ou capciosa interpretação jurídica que sempre inscreve o corpo da mulher no terreno da domesticação.

Como demonstra essa rápida discussão sobre o aborto, na contramão de todas as tendências que pretendem manter o léxico jurídico apesar de seus inúmeros problemas teóricos e práticos, a biopotência abandona a esfera do direito. Ao invés de expressar pretensões sob o signo do "meu/nosso direito", a biopotência afirma a positividade da vida. Isso nada tem a ver com *discursos* que garantem sermos proprietários desses ou daqueles direitos e nos incitam a exigi-los de uma instância separada qualquer como o Estado ou o mercado. A biopotência não é um discurso, mas uma prática comum de *viver a vida* em sua multiplicidade. Diferentemente de Judith Butler, que fala em "direitos a ter direitos", a biopotência simplesmente se põe no cenário social, vai às ruas e se reúne, vive sendo mulher, homem, *queer* ou outras configurações, sem com isso reclamar instâncias jurídicas armadas para garantir essas modalidades vitais, que nunca são meras pretensões ou discursos. A biopotência não põe nenhuma questão argumentativa sobre a legitimidade, pois ela é a legitimidade por excelência, já que nela se encarna *uma vida* que não se separa de sua forma: uma forma-de-vida, segundo a expressão de Agamben (2014, pp. 264-272).

A forma-de-vida não pode ser cindida e representada mediante discursos que exigem, fundamentam, racionalizam. Ela se prova e se justifica pelo total, comum e inseparável uso que faz de si mesma. Essa inseparabilidade de seus modos, de suas práticas, de seu contínuo estar potente funciona como seu fundamento. Nesse sentido, a forma-de-vida biopotente é parresiasta. Sua garantia de verdade é ela mesma, são seus atos que se arriscam diante do poder, jamais as palavras vazias de um discurso jurídico. A forma-de-vida biopotente vive a imanência total, fundindo-se a seus próprios processos de mostração. Estar antagonista, estar potencializando-se, estar modalizando-se, sem pretensão de direito, de exceção, de discurso separador: eis a dimensão de *uma vida*, de uma vida qualquer, de qualquer vida, do próprio pensamento, a mais originária e irredutível das formas-de-vida[22].

---

[22] "O pensamento é forma de vida, vida inseparável da sua forma, e onde quer que se mostre a intimidade dessa vida inseparável, na materialidade dos processos corpóreos e dos modos de vida habituais, não menos do que na teoria, aí e somente aí há pensamento. E é esse pensamento, essa forma de vida que, abandonando a vida nua ao 'homem'

É importante frisar que quando falamos da positividade da vida, tomamos essa ideia a partir de uma dimensão ontológica de matriz deleuziana, compreendendo a vida enquanto um fluxo dinâmico, indiferenciado e impessoal que perpassa os corpos humanos e não-humanos, constituindo-os e desconstituindo-os ao mesmo tempo. Dessa feita, não se trata de uma visão moral ou teológica que visa "proteger" a vida, tal como ocorre com movimentos neoconservadores que lutam contra o aborto, a exemplo do pró-vida que, ademais, nos parece logicamente insustentável ao "defender" a vida do feto sem se perguntar minimamente pela vida da mãe, em todas as suas dimensões. Como deve ter restado claro, somos plenamente favoráveis à descriminalização do aborto, ainda que não aceitemos os argumentos liberais muitas vezes usados para fundamentar tal pauta. Nesse sentido, julgamos que a discussão sobre o aborto não deve se limitar à seara jurídico-penal, na qual ele é permitido no Brasil em alguns casos, em especial diante de estupro e de risco para a gestante. Em casos assim, o aborto aparece como um "direito" da mulher, com o que se ativa toda a dimensão exceptiva e violenta do direito, servindo então para negar a possibilidade legal do aborto a todas as mulheres que não foram estupradas ou não têm uma gravidez de risco. Independentemente de qualquer direito, entendemos que a interrupção da gravidez, tendo em vista uma dimensão biopotente, integra uma das potências-de-não do corpo feminino, o que somente lhe é negado graças a um aparato de poder disciplinar e biopolítico que vê na mulher uma simples máquina reprodutora.

O corpo, mais do que um lugar de acordo e de recolhimento do "eu" identitário e pessoal, se revela enquanto dimensão total que o problematiza e o traz à tona, revelando seu caráter de dispositivo inventado para impedir o fluxo torrencial da potência que, a partir de certo momento, já não pode mais se separar

---

e ao 'cidadão', que a vestem provisoriamente e a representam com os seus 'direitos', deve se tornar o conceito norteador e o centro unitário da política que vem" (AGAMBEN, 2014, pp. 271-272).

entre um "eu" e um corpo, como ilustram as angustiantes experiências de um poeta como Bernard Noël, que afirma:

> É que eu não acredito na unidade do meu próprio "eu", que só existe em ações que momentaneamente percebem isso. [...] Tudo o que, na minha escrita, leva o nome do corpo, de seus órgãos ou de seus atributos, faz parte dessa insurreição: uma insurreição desesperada contra uma situação que reduz o corpo a ser o lugar sem lugar de minhas representações, incluindo a dele (NOËL, 2019).

Trata-se do mesmo escritor que, à censura imposta em 1969 a uma de suas obras, respondeu no texto de 1975, *O ultraje às palavras*, que se tratava antes de uma *sensura*, quer dizer, uma interdição voltada não para as palavras, mas para o sentido que elas podem assumir em termos de significação, dado que, em seu caso, a censura adveio de uma incorreta compreensão de seu primeiro romance, o pornográfico *O castelo da ceia*. Segundo entendemos, nas sociedades biocráticas a *sensura* é um dispositivo muito mais complexo, que não se dirige somente ao sentido das palavras, limitando-as e falsificando-as sob a forma de uma empobrecida novilíngua, como antevisto por Orwell em *1984*. A *sensura* a que nos referimos é mais insidiosa e se volta contra certas experiências sensíveis que o corpo pode abrir ao "eu" para levá-lo à implosão. Com efeito, nossas sociedades reprovam duramente experiências de evasão e de questionamento do "eu", sejam elas traduzidas em poemas, drogas psicotrópicas ou estados mentais como a depressão, a hiperatividade e o autismo, os quais devem ser rapidamente "corrigidos" pelo farmacopoder e guiados rumo à "normalidade" pelo saber médico-psiquiátrico.

A experiência "normal" da corporeidade parece apontar não para o diferente, a mescla e a deriva, mas para o próprio, a fixidez e a casa. Tal decorre, contudo, de uma concepção atual e empobrecida do corpo. Para problematizar essa perspectiva, recomendamos uma bela conferência de Emanuele Coccia ocorrida no final de 2018 no Teatro Franco Parenti de Milão[23]. Nela ele desenvolve algumas das ideias fundamentais presentes em seu estudo sobre a filosofia das plantas, já citado no início deste capítulo. Para Coccia, tudo está em movimento, tudo é mistura e ausência de casa, e as plantas, desde que bem consideradas, podem nos ajudar a perceber isso. Glosando um poema de Rilke em que o outono surge como símbolo do desterro, da migração e da tarefa do pensamento que daí deflui, Coccia chama nossa atenção para três dimensões cotidianas capazes de revelar que tudo é errância e mistura: a geografia, o sexo e a alimentação. No que diz respeito à geografia, Coccia relembra a ideia da deriva continental do meteorologista alemão Alfred Wegener. Lançada em 1912, essa teoria explica que os continentes surgidos a partir da fragmentação do supercontinente chamado Pangeia não estão imóveis; ao contrário, eles deslizam sobre o mar sem nenhuma determinação destinal a não ser a do próprio movimento imanente, contradizendo assim o senso comum que vê no solo o exemplo mais óbvio de imobilidade (WEGENER, 1912). Mais do que porções fixas de terra, os continentes são imensos barcos à deriva que nos transportam sem rumo pré-determinado, o que, aliás, ocorre também com o planeta em que vivemos e com todos os astros do universo, em contínuo movimento, em contínua transformação.

De modo similar, mas em uma escala mais íntima e intrincada, o sexo corresponde a uma tecnologia de mistura dos corpos, a uma maneira de adentrar ao outro e perder-se nele. Nessa perspectiva, a reprodução só é possível na medida em que um corpo se encontra com outro, ignora a limitação corpóreo-proprietária e deixa algo de si ou absorve algo de outro corpo. No sexo as fronteiras corporais habitualmente guarnecidas pela pele são suspensas diante da necessidade de ser outro, ser ninguém, estar além.

---

[23] Disponível em: https:</www.youtube.com/watch?v=zIJckhrXjpA>.

O mais extraordinário, lembra o filósofo italiano, é o exemplo das plantas, que não têm propriamente órgãos sexuais. As flores, que realizam as funções reprodutivas no mundo vegetal, são agregados de transformações adaptativas que os corpos das plantas desenvolveram para se reproduzir, sem que haja com isso qualquer especificação ontológica de gênero para além da pura potência do sexo. Uma planta nunca é apenas cópia de si mesma, mas um mergulhar no mundo, polinizando-o e com isso tornando a si própria uma *outra*. O caso das plantas hermafroditas é especialmente fascinante, já que desenvolvem estruturas que impedem a autorreprodução e as abrem para a experiência do diferente, pois não conseguem se autofecundar.

Àqueles que hoje, retomando velhos discursos autoritários e deterministas, asseguram que ser homem se limita a ter pênis e testículos e ser mulher significa possuir vagina e ovário, poderia ser contraposto o exemplo das plantas, que vivem uma vida da mescla, de "artificialização", da invenção de apêndices e de contínua multiplicação das possibilidades de deriva e encontro sexual. Nelas o sexo é autoconstituição de si, das outras e de seus ambientes, nunca propriedade. Por isso o sexo das plantas está em movimento, é sempre incerto e inseguro, sempre potencial e andrógino. A planta evoca, nessa dimensão mutante, a experiência *queer* total, dado que transcende o próprio corpo para fazer mais e mais corpos. No lugar do um, o múltiplo.

Por fim, Coccia faz referência à alimentação, que à primeira vista pode ser entendida como um tipo de guerra infernal entre todos os viventes, já que tudo come tudo. Plantas, animais e humanos não podem escapar de serem comidos, por mais que nós, em nossa ânsia de dominar a natureza, queiramos nos colocar acima dos outros animais. A caça e a extinção dos grandes predadores revelam nosso recalque, típico de seres obsessivos que querem ocupar o ápice da cadeia alimentar. Todavia, independentemente do que nossa cultura separadora possa sustentar, a alimentação nega a propriedade dos corpos, seja porque eles se constroem mesclando-se uns aos outros – digerindo e incorporando o exterior ao interior para continuamente desativar essa díade –, seja porque, ao consumir e assim "destruir" alimentos, os corpos subvertem a medrosa e precavida acumulação proprietária, apontando para uma economia soberana do dispêndio e do gasto que a tudo extingue, como teorizou Georges Bataille nos textos "A noção de dispêndio" e "A parte maldita" (recolhidos em BATAILLE, 1970).

Segundo Coccia, a alimentação é a mais política das atividades, pois nela nós literalmente nos tornamos outros e experimentamos a plasticidade do corpo, sua capacidade de digerir e de ser digerido. Sabedoria dos antropófagos, portanto. E por mais que matemos leões e ursos, sempre seremos presas de vírus, fungos e micróbios, sempre estaremos entregues a esse processo absolutamente impessoal que impõe a todo corpo a deriva e o movimento, o não estar nunca sozinho em si, o misturar-se a outros corpos para mastigá-los e nutrir-se deles, o que pode ser compreendido somente a partir de uma perspectiva biopotente.

Mesmo que Coccia não tenha dito expressamente, parece-nos que sua radical valorização da nutrição enquanto campo da mistura e da política funciona como um *détournement* da clássica teoria aristotélica que, como comentamos antes, vê na função nutritiva o mais baixo nível da vida, próprio das plantas. Ainda que exista nos animais e nos seres humanos, a nutrição é considerada por Aristóteles de forma marginal se comparada a funções mais "nobres", como a sensitiva e a intelectiva. Na contemporaneidade, um autor tão importante quanto Heidegger segue pelo mesmo caminho, declarando de maneira meio prepotente e meio ridícula que os animais e as plantas são "pobres de mundo" porque estariam presos a seus próprios ambientes, sem poder acessar a clareira do ser e, portanto, a linguagem[24].

---

[24] "Porque as plantas e os animais estão mergulhados, cada qual no seio de seu ambiente próprio, mas nunca estão inseridos livremente na clareira do ser – e só esta clareira é 'mundo' –, por isso, falta-lhes a linguagem. E não porque lhes falta a linguagem estão eles suspensos sem mundo no seu ambiente" (HEIDEGGER, 2005, pp. 27-28).

Ora, igualar animais e plantas, desconhecendo a singularidade de cada qual, já é bastante questionável. Além disso, enxergar na linguagem – ainda que não se trate de uma linguagem simplesmente racional, discursiva, lógica ou "aristotélica" – o elemento que abre o ser aos humanos parece contraditório com certas ideias do próprio Heidegger, para quem a linguagem, no final das contas, desvela apenas um velamento. Toda abertura linguística é abertura para um fechamento, um não poder ir além da representação.

Talvez fosse interessante pensar o para-além-da-linguagem considerando esses seres tão insultados, tão "pobres" – animais e plantas –, mas que *estão* no mundo, se mesclam e se hibridizam. Tal cabe a uma filosofia biopotente que perceba na nutrição – característica da vida vegetativa –, nesse ato tão banal e ao mesmo tempo tão necessário e prazeroso, a prova decisiva de nossa mútua relação com todos os outros corpos vegetais e animais, que invadem nossos supostos limites proprietário-corporais para implodi-los, o que pode ser *experimentado* para além e independentemente de qualquer linguagem.

Mais ainda: mesmo que os animais – e até as plantas – tenham algo similar a uma linguagem, só podemos interpretá-la "cientificamente" a partir de nosso lugar humano, o que representa uma óbvia limitação. Negá-la exigiria supor o conhecimento de uma linguagem supra-humana e exterior ao próprio ato de autoconstituição do ser humano no mundo pela linguagem, o que é absurdo e megalômano. Nesse sentido, julgamos curioso o caso de alguns cientistas que pretendem encontrar nos grunhidos, cantos, latidos e miados dos animais expressões semelhantes a vivências e comportamentos humanos, sem se dar conta do caráter hipotético e frágil de suas teorizações. Dessa maneira, afirmam que o canto de certo pássaro significa simplesmente "estou aqui", sem perceber que essa "tradução" ou "interpretação" está constitutivamente contaminada por estruturas de pensamento bem humanas e inclusive histórica e culturalmente determinadas, tais como a noção de sujeito –

"[eu] estou aqui" – e a metafísica do ser que a operacionaliza. Ao contrário, uma apreciação filosófica do canto desse pássaro não tenta reduzi-lo aos nossos próprios esquemas mentais e linguísticos – quase sempre e inconscientemente vistos como universais – e aposta na potência de que, ao invés de significar "estou aqui", *possa* significar algo como "somos o aqui".

ἄλλος πολιτικός
3. alopolítica

As atuais formas de relação política, intensificadas pelos mercados e governos representativos liberais em que vivemos há pouco mais de dois séculos, foram interiorizadas e assimiladas como se fossem propriedades inerentes à espécie humana, ou seja, como se fossem a atualização de uma potência geneticamente determinada que impede qualquer alternativa. Todavia, nos parece contraditório que isso ocorra exatamente com a única espécie que pode se rebelar contra as limitações da natureza mediante sua capacidade de criar próteses, inclusive podendo enfrentar a impropriamente chamada lei de seleção natural, como comprova, por exemplo, a criação de hospitais. Apesar disso, a concepção naturalizada do político se faz dia a dia visível com base na resignada aceitação de antigas formas de poder baseadas na crença segundo a qual o que verdadeiramente nos faz humanos é a aceitação de um poder vertical fundado na razão. Em nossos tempos biologizados, o ditado dessa razão não poderia ter outro substrato diferente do *bíos*, de maneira que a aparente impossibilidade de escapar de supostas normas biológicas acaba se transformando em necropolítica, dando lugar, ao final, à sua vertente mais destrutiva: aquela que parece tomar como evidência a ideia de que toda forma de vida se move impulsionada por uma vontade de poder que consiste em submeter e se impor às outras. Nessa perspectiva, Mbembe (2003, p. 11) escreve sobre a necropolítica: "[...] a máxima expressão da soberania reside, em grande medida, no poder e na capacidade de ditar quem pode viver e quem deve morrer".

Por outro lado, a partir de uma posição diametralmente oposta a desse movimento pendular com o qual se concretizam os preceitos da seleção natural, aparece outra perspectiva, a qual afirma que, considerando que o *bíos* se volta exclusivamente para a vida, toda biopolítica estaria sempre legitimada por suas pretensas boas intenções, nascidas da máxima que nos assegura que a natureza é sábia. Nessa leitura, a faceta tanatológica (θάνατος) seria inerente à noção de *bíos*, tendo em vista a necessidade natural de se valer da destruição para conservar a vida[25]. Aqui fazemos referência ao modo com o qual o *bíos* incorpora a morte em seu seio de maneira positiva, para assim estabelecer os parâmetros de abertura a formas horizontais de convivência. Se dermos uma olhada para trás veremos como, desde Epicuro até a atualidade, há um amplo consenso na identificação da filosofia com uma ferramenta para combater ou tornar mais leve a ideia da morte. Até mesmo a noção heideggeriana de *Dasein* se refere à pressuposição de que o *bíos* humano está constitutivamente ligado ao seu ser-para-a-morte (*Sein-zum-Tode*).

Todavia, se não tomarmos cuidado, corremos o risco de sermos capturados nesse outro extremo que acaba sugerindo que toda política não pode ser mais do que tanatopolítica. Se fosse assim, a noção de vida estaria fora das margens do *bíos*, acabando reduzida a simples vida natural, objeto de gestões que tomam como referência a própria morte para decidir a respeito das políticas sobre a vida. A linguagem desse tipo de abordagem nos é provavelmente muito familiar: risco, seguro, *check-up* médico, exame, controle, entre muitas outras formas de orientar a vida a partir de uma concepção tanatológica. Quando o *bíos* passa a dançar ao som do ditado da razão farmacêutica do especialis-

---

[25] "Como Freud, Darwin está interessado em como a destruição conserva a vida; e no tipo de vida que a destruição torna possível" (PHILLIPS, 2000, p. 63).

ta, os corpos individuais se põem a serviço de um movimento zumbificado. Ao abandonarmos a tradicional noção de biopolítica e tomar como ponto de partida a ideia de biopotência, não podemos desconsiderar que essa mudança só é possível porque se relaciona à abertura dos corpos, não à mera vida, mas ao *estar sendo vida* de diversos modos.

Dessa maneira, aqui adotamos como critério subjetivador uma perspectiva singular e não qualquer outra de corte funcionalista, ou seja, submetida a valores supostamente objetivados. Entendemos a potencialidade do múltiplo enquanto uma dimensão de singularidades não individuadas pela razão, qualquer que seja ela, ao mesmo tempo que não omitimos a inquestionável conformação das subjetividades em relação ao mundo e aos corpos que nos rodeiam. A ânsia por novas formas de racionalidade se centraliza cada vez mais na criação de um tipo de *big data* sobre a vida, a partir do qual se deve depreender a ideia de normalidade a que todo sujeito precisa ser circunscrito (GARCÍA COLLADO, 2019). A essa pretensão autoritária disfarçada de democracia contrapomos a noção de biopotência.

Para começar, julgamos prudente abandonar o sonho romântico que supõe o equilíbrio dos ecossistemas. Depois de um século, a ideia do botânico Arthur Tansley, consistente em afirmar que a natureza é "sabia", parece não ter sido superada, apesar da sistemática contestação dessa leitura por parte de evidências ambientais de grande ou pequena escala. A proposta de reduzir o *bíos* a uma espécie de plano autorregulado que, na ausência de qualquer intervenção, sempre acabaria equilibrando a existência das diferentes espécies, foi desmentida pela constatação de que a vida, em seu caminho para se desdobrar, mostra seu excessivo e exuberante potencial. Dessa maneira, tem-se que, paradoxalmente, é a própria vida que causa o desequilíbrio presente em qualquer ecossistema. Assim, caso se lhes dê oportunidade para tanto, em um bucólico bosque os lobos acabarão devorando os cervos e mais tarde sua prolixa descendência extinguirá todos os cervos desse território. Em tal hipótese, a vegetação crescerá de forma descontrolada diante da falta de herbívoros e assim sucessivamente. Nada obstante, o desenlace poderia ser muito diferente, ainda que sempre com a clara tendência ao caos presente em qualquer sistema aberto, como postula a noção de entropia ligada à segunda lei da termodinâmica. Nesse sentido, a desejada autorregulação dos ecossistemas não é mais do que um sonho que acaba, como muitos outros, em pesadelo, em um delírio no qual *bíos* e *thánatos* se encontram como duas faces da mesma moeda.

Não podemos nos contentar com a simples introdução do ser humano na natureza do mesmo modo que se faz com outros animais, já que somos a única espécie que pode agir de maneira consciente como engenheira de ecossistemas. E isso não porque temos dentro de nós a semente divina do *lógos* (λóγος), e sim porque os níveis organizativos de informação do animal humano são de uma complexidade comunicativa que supera os de qualquer outro ser vivo no planeta, capacidade esta que é fruto da bioemergência e não de uma programação genética feita por um artífice inteligente. Dessa feita, é nossa própria existência que nos leva a tomar consciência de nossas ações destrutivas no mundo, permitindo-nos assim tentar repará-las.

As técnicas interpretativas típicas do funcionalismo se chocam contra as dimensões *poiéticas* características da capacidade simbólica radicada em cada animal humano, de maneira que a noção de cultura nos leva a questionarmos nossa relação *com* o mundo e *no* mundo. De fato, nosso comportamento no planeta é paradoxal, como se nosso *habitat* fosse algo estranho para nós, com o que nos distanciamos da noção de ecologia, que entende o mundo como lar (οἶκος, *óikos*), razão pela qual não deveríamos tratá-lo como algo alheio. Apesar disso, nossas atitudes estão longe de ser exemplares. Basta notar o papel humano no aquecimento global.

Mas sigamos. É preciso agora questionar a ideia de política em relação ao *bíos*. Para tanto, tenhamos clara a diferença entre as dimensões *do político* e *da política*, distinção que encontramos em autores como Cornelius Castoriadis. Para ele, *o político* se refere a um tipo de poder que cria os mecanismos necessários para constantemente usar e monopolizar esse mesmo poder. Por outro lado, *a política* tem a ver com a possibilidade de um uso do poder que proporcione ferramentas para questioná-lo de maneira horizontal. Trata-se então de um modo coletivo de atividade lúcida e consciente que tem por função criticar as instituições existentes na sociedade (CASTORIADIS, 2010, p. 47). Em resumo, *o político* equivale tanto às formas autocráticas de governo quanto às liberais representativas, enquanto *a política* evoca a democracia, forma política horizontal por excelência na qual se joga no tabuleiro do comum.

Para Castoriadis, o político constitui a tradução do poder instituído, ou seja, da sociedade posta e "existente", enquanto a política se refere à sede do instituinte, quer dizer, à imaginação radical que põe e depõe instituições e leis. Contudo, a distinção entre esses dois âmbitos já tinha sido pensada com anterioridade por Carl Schmitt (2002, p. 27), para quem a política se refere a uma mera técnica e o político a uma existencialidade conflitiva específica. Como se vê, Castoriadis inverte os termos usados originalmente por Schmitt. Todavia, a distinção aqui exposta é mais complexa do que o simples uso do artigo definido masculino, feminino ou neutro (no alemão), conformando uma percepção segundo a qual o que comumente é chamado de política possui dois âmbitos complementares e tensionados, que correspondem, em síntese, ao poder constituinte e ao poder constituído. O uso do artigo neutro, masculino ou feminino fica a critério de cada um, desde que os conceitos substanciais que dão base a tal eleição vocabular sejam claros, como o são tanto na obra de Schmitt quanto na de Castoriadis. Nessa perspectiva, Claude Lefort (1991, p. 31) apresenta uma útil distinção. Segundo o filósofo francês, o político se relacionaria ao objeto da filosofia política e a política ao objeto da ciência política.

Conforme entendemos neste livro, a diferença básica entre *o político* e *a política* corresponde à distância que há entre formas de poder heterônomas e autônomas. A crença compartilhada e mantida pelas atuais formas heterônomas de poder, que repetem sem cessar que vivemos em democracias – e não em governos representativos liberais, que nada têm a ver com democracia – constitui um dos obstáculos a superar para entendermos o componente tanatopolítico inerente às formas políticas hodiernas, criadas como defesa tanto frente às monarquias absolutas como diante da ameaça do populacho, ou seja, do *démos* (δῆμος). É por isso que as formas políticas contemporâneas são concebidas como um dispositivo de socorro frente à ameaça do outro; quer dizer, trata-se de um método de defesa em relação ao desafio que representam os muitos diante das propriedades e dos privilégios de uns poucos.

Assim, as formas políticas atuais não se encontram no âmbito *da política*, mas no *do político*, já que se colocam a serviço dos interesses de grupos que têm como objetivo central a preservação e a ampliação da riqueza encarnada na propriedade privada. Só se permite ao resto, ao *démos*, entrar no jogo de aquisição da propriedade privada com base na criação de uma nova forma de subjetividade que Deleuze e Lazzarato chamam de *homem endividado*, visto como peça pretensamente indiferenciada produzida pelo sistema econômico[26]. Caso analisemos a forma neoliberal de governo, perceberemos que ela automaticamente divide a sociedade em dois grupos: os proprietários não endividados e os proprietários endividados, excluindo de forma absoluta aqueles que, como os imigrantes pobres e os favelados, não têm nada ou têm muito pouco. Por outro lado, poderíamos nos referir a esses dois grupos sociais como "proprietários" e "não proprietários",

---

[26] "O homem não é mais o homem internado, mas o homem endividado" (DELEUZE, 2003b, p. 31). Nessa perspectiva, Lazzarato escreve, articulando seu próprio discurso com claras ressonâncias deleuzianas: "O que o caixa eletrônico ativa não é o indivíduo, mas o 'dividual'. [...] A subjugação social mobiliza os indivíduos, enquanto a escravidão maquínica ativa "dividuais" como operadores, agentes, elementos ou peças 'humanas' da máquina sociotécnica da economia da dívida" (LAZZARATO, 2001, p. 111).

pois os endividados mantêm uma relação de passividade e objetificação com seus pertences, ou seja, aquilo que eles têm, na verdade, os têm, na medida em que devem se entregar ao trabalho constante para manter suas possessões. Mais do que possuir coisas, os "não proprietários" são seus prisioneiros, razão pela qual parecem sonhar, em sua maioria, com o tornar-se proprietário, ainda que para tanto precisem se endividar e fazer de suas vidas um sacrifício sem fim que apenas enriquece a forma política que os submete mediante falsas promessas.

Dessa feita, percebe-se que as sociedades neoliberais fabricam subjetividades baseadas na exploração do outro e de si mesmo nas quais tudo é suscetível de ser mercantilizado. Nos dois grupos acima citados, ambos fundados na propriedade e em sua valorização, destaca-se a necessidade de compreender a existência do outro como uma ameaça. A ideia do estranho e do perigo representado pelo outro conseguiu se infiltrar nos poros *do político* – âmbito ao qual, sem dúvida, pertence –, mostrando-se hoje como a única forma política de relação humana, ainda que se trate apenas de um modo de conformação de subjetividades que nos faz ver *o político* como se fosse *a política*. Se *a política* corresponde ao lugar em que deve primar tanto a isonomia quanto a isegoria, por outro lado, os governos representativos liberais baseados na defesa da propriedade se radicam na figura do outro entendido como inimigo. Desse modo, *o político* mostra sua verdadeira face, pois existe na medida em que uma política dirigida a certo grupo e seus interesses privados se vale do público para submeter o *démos*, exatamente como ocorre com a política partidária. Nessa perspectiva, o espetáculo valida a representação política e sua suposta inevitabilidade, traduzida em uma total falta de alternativas no que se refere à existência inerente ao *bíos* humano: ou representação política ou caos.

O político gera uma relação dicotômica entre o público e o privado na qual se elimina o comum, ou seja, a própria possibilidade *da política*. Enquanto modo naturalizado de gestão do *bíos*, *o político* se vale do componente tanatológico para se defender daquilo que supostamente deveria estar incluído em seu interior como parte imprescindível da noção de democracia: o comum. Nesse sentido, *o político* se centra na figura da propriedade privada, assim como na ideia do outro como constante ameaça. É como se os arqueiros, que apontam suas flechas ao exterior para defender seu castelo de um ataque mítico de dragões e outros seres monstruosos, dessem meia volta nas muralhas e apontassem suas armas para os membros de sua própria comunidade, de maneira que aqueles que deveriam ser defendidos acabam sendo flechados. Mediante um jogo poético, em sua críptica escritura Heráclito nos permite acessar a dobra do significado de *bíos* ao dizer que "o nome do arco (βιός) é vida (βίος); sua função é morte" ("βιός τῷ τόξῳ ὄνομα βίος ἔργον δὲ θάνατος") (HERÁCLITO, frg. 48 [DIELS-KRANZ, 1951]). Quando os muros se transformam em prisão e não em proteção, o *bíos* passa a incluir o estranho mediante sua exclusão. Dessa maneira, como bem nota Agamben em *Homo sacer I: o poder soberano e a vida nua*, a cidadania existe fundada nos não-cidadãos e em outros sujeitos incluídos na lei graças ao processo de exclusão que ela mantém e sem o qual não pode funcionar.

Ao tratar os membros da mesma espécie como estranhos, a dimensão tanatológica característica do *bíos* serve não para defender a vida frente às ameaças reais do mundo, tais como as doenças ou as catástrofes climáticas, constituindo antes um dispositivo de constante fabricação do outro como diferente e estranho, ou seja, como uma figura da qual é preciso se defender, tal como restou claro na pandemia de COVID-19. Assim, a forma política que gera o tipo de biopolítica em que estamos presos é, na realidade, uma *alopolítica* (ἄλλος πολιτικός), ou seja, uma política *do* e *contra* o estranho, uma forma de controlar e dominar não só o diferente, mas a diferença em si mesma, gerando-a e intensificando-a até conseguir que, por exemplo, os meios de comunicação que supostamente deveriam garantir o efetivo desenvolvimento de formas democráticas de poder não sejam mais do que executores daquilo que Sheldon Wolin chama de "democracia dirigida" (*managed democracy*) (WOLIN, 2008).

É nesse sentido que a criação do diferente se converteu na principal tarefa da forma alopolítica. Quando se reduz o *bíos* humano a seu suposto determinismo genético[27] e se apresenta as dimensões vitais da seleção natural como uma alternativa entre devorar ou ser devorado, a espécie humana acaba dividida em dois grupos: o próprio e o estranho. Com efeito, ao invés de se referir à riqueza da diversidade enquanto biopotência, as formas do atual biopoder pretendem tratar essa diversidade como diferença ameaçadora. No âmbito dos governos representativos liberais em que sobrevivemos, a única ética possível, de clara feição alopolítica, se resume à maximização da concorrência. Assim, por exemplo, aqueles que durante a pandemia de COVID-19 negaram o suposto "direito" dos consumidores de ir a *shopping-centers* – verdadeiros templos em que se desenvolve a religião do mercado – foram mostrados pelos meios de comunicação e por políticos genocidas como inimigos dessa forma política securitizada que, na verdade, corresponde ao fruto da dicotomia inerente à defesa da propriedade privada, que precisa do direito como violência estrutural necessária para combater o "povo" visto enquanto outro, isto é, parte sem partilha e despossuída[28] que na época de Platão se chamava *démos*, palavra que evoca as ideias pejorativas de pobre e populacho.

----

[27] Sobre o conhecido erro de tentar encontrar a explicação da conduta dos seres humanos em seus genes, cf. JABLONKA; LAMB, 2005.

[28] Segundo Rancière, "existe política quando existe uma parte dos sem-parte. [...] A política existe quando a ordem da dominação é interrompida pela instituição de uma parte dos sem-parte" (RANCIÈRE, 1995, p. 31). Nada obstante, é preocupante que inclusive Rancière veja a origem da política em um tipo de pertença a um ou outro grupo. Estabelecer a ideia de política baseada na noção de grupos contribui para a naturalização do jogo *do político* como o *nec plus ultra* da evolução dos conceitos sociais, resultando na ideia de alopolítica e assim contribuindo para sua cristalização e posterior fossilização. Situar o princípio da política na suposta transformação da humanidade, de

Enquanto a biopolítica tenta gerir o corpo produtivo do indivíduo e da população, a alopolítica, por seu turno, tem por função nos fazer esquecer o pressuposto básico da diversidade humana. Ao postular a redução dos corpos multitudinários a um só corpo político, a alopolítica revela que para ela não há multiplicidade de corpos, mas apenas o corpo do político e os *outros*. Daí a necessidade de gerar esse outro. É por isso que as díades retóricas do político, que para muitos parecem funcionar tão bem, podem ser reconduzidas ao par *communitas* e *immunitas*, tal como demonstrou Roberto Esposito (2016, p. 41). Todavia, a realidade nos parece mais complexa, já que a alopolítica, de maneira a se ajustar ao critério bioárztquico de mais e mais produção, desconhece a contraposição entre *communitas* e *immunitas*. Para ela não há *communitas*, mas somente produtores a otimizar sob a forma de sujeitos que gozam de *immunitas* sem *communitas*.

A própria noção de política contida na ideia de biopolítica, ao tomar como ponto de partida a *pólis*, abre caminho ao que chamamos de alopolítica, pois ao se levantar os muros da cidade, se levanta a diferença hierárquica em si mesma, a qual precisa ser alimentada para se manter a alopolítica disfarçada de política comunitária. Assim, os arqueiros que defendem o *bíos* são encarregados de apontar suas flechas tanto para dentro quanto para fora dos muros do humano, dividindo os corpos em "cidadanizados" e *outros*. O humano é exclusivamente o cidadanizado e só ele pode ditar o que é aceitável e correto, numa fatal redundância em que o *resto* não passa de um bando de selvagens ou bárbaros, animais ou estrangeiros; em resumo: os *outros*.

A cabeça do político comanda suas asas, fazendo voar o corpo protegido pelas escamas da pele – que são os assujeitados –,

---

modo que os sem-parte possam ter também as suas partes, não é mais do que uma forma de negação. Já a proposta biopotente aqui desenvolvida tem a ver com uma afirmação aberta e positiva, que longe de se referir a um *ser outro*, alude a um *ser corpos*, a um *sendo*; o que importa não é a diferença, e sim a diversidade sempre mutante.

de maneira que cada escama da malha protetora do Leviatã, cada um dos sujeitos que a integram, acredita pertencer a um projeto comum. Contudo, cada sujeito-escama é apenas uma peça do exoesqueleto da alopolítica, que concentra todo seu esforço na apropriação do comum, valendo-se para tanto de dispositivos cotidianos fortemente assentados em uma teologia política conservadora. Nesse sentido, escreve Esposito:

> Ao negar a afirmação expressa pelas forças ativas, as reativas – das quais a mais influente é precisamente a teologia política cristã – afirmam a negação, de acordo com aquele princípio de inclusão exclusiva que faz do Um a imagem alterada do Dois. [...] Que em ambos [Bergson e Deleuze] o distanciamento do dispositivo teológico-político passe pela crítica da categoria de sujeito – e, consequentemente, também da de objeto, especular em relação àquela – é a confirmação do laço indissolúvel que amarra a semântica da pessoa à máquina da teologia política. [...] A teologia política não é, em si, nem uma unidade nem uma separação, mas uma unidade constituída por uma separação: um Dois que tende ao Um pela inclusão exclusiva do outro polo (2013, p. 23 e p. 97).

Dado que em termos políticos a civilização alberga a morte em seu seio, o submetimento e o sacrifício que a noção de alopolítica evoca devem ser entendidos como um tipo de gestão do estranho. Contudo, a ideia de que a civilização, ou melhor, a "cidadanização", reduz sacrificialmente o múltiplo ao uno – enterrando assim a singularidade na subjetividade, na individuação que nos transforma em proteção imunitária da razão, em simples escamas da malha do Leviatã – talvez não tenha suas origens apenas no cristianismo e em suas categorias teológicas, como querem pensadores na linha de Esposito. Este tema é da maior importância, já que para alguns autores a questão se relacionaria à especificidade do nosso cérebro humano, discussão que retomaremos em outro capítulo. Por agora nos interessam outros tipos de antecedentes da máquina política atual e seu

75

pretenso caráter cristão-medieval. Para tanto é preciso retornar à Grécia e nos remetermos ao deus heleno da civilização, Apolo, pois ele revela em toda sua clareza a relação direta entre, por um lado, civilização e morte, e por outro, cidadania e sacrifício, desembocando na dimensão representativa em sua dupla vertente, ou seja, política e teatral.

Segundo Detienne, esse deus que mata de longe com seu arco é o deus da *pólis* e dos limites. Cada movimento de tomada da terra se realiza mediante o programa enunciado por Apolo: "construir[-lhe] um altar, fazer um primeiro sacrifício, dar um nome ao deus desse território e depois comer juntos sem esquecer os olímpicos" (DETIENNE, 2001, p. 41). A cidadania e a civilização aparecem concomitantemente nessa narração mítica. Todavia, o deus da ordem, da luz e das cidades guarda na manga sua carta mais preciosa. Com efeito, o sacrifício inaugural que ele exige dos seres humanos não é sangrento como poderíamos imaginar, dado que "nesse primeiro ritual, a oferenda é de cereais entregues ao fogo sobre o altar" (DETIENNE, 2001, p. 42). Posteriormente, uma vez saciada a fome dos oficiantes,

> Apolo lhes dá uma nova ordem: "Que cada um de vocês pegue uma faca, sua *mákhaira*, com a mão direita e que não se deixe de fazer brotar o sangue da garganta dos cordeiros (*spházein*)" [...] Visibilidade da faca ensanguentada: Apolo é seu garantidor, violento e solene.

Como bem assinala Detienne em uma nota de rodapé de seu livro: "Desde a *Ilíada* (XXI, 459), Apolo é quem «dá a morte» (*apollýnai*)" (2001, p. 93, n. 139). Recordemos que já Heráclito nos permitia antever a duplicidade do significado de *bíos* ao se referir à dualidade entre arco e vida. E quem é, senão Apolo, o deus do arco, que promete proteger a vida daqueles que se instalam dentro dos limites da civilização?

De acordo com Esposito, a teologia que informa a política atual do Dois que tende ao Um mediante a inclusão excludente do *outro* tem sua origem no cristianismo. Entretanto, parece que isso começou em tempos mais remotos. Com efeito, Detienne se refere tanto a Apolo, deus que encarna e representa a civilização, quanto àquele outro, seu irmão, que Apolo foi encarregado de enterrar como se fosse um resto de si mesmo, Dioniso. Contextualizemos: quando era criança, Dioniso foi atraído por titãs mascarados, que lhe ofereceram vários brinquedos, e acabou sendo por eles degolado, esquartejado e jogado em um caldeirão. Nesse momento, os titãs foram fulminados pelo raio de Zeus. Segundo Detienne:

> [...] fulminados, mas não sem deixar restos. São de dois tipos: primeiro o coração, que se move para o lado e do qual Dioniso renascerá como o Primogênito, proclamando o triunfo do Um através do desmembramento do múltiplo; depois "a fumaça da fuligem" que provém dos assassinos queimados pelo fogo de Zeus e da qual nascerá a espécie humana, a das cidades com altares fumegantes feitos de sangue e cinzas. Altares que, aos olhos dos órficos, perpetuam o horrível assassinato cometido pelos poderes mascarados com gesso. Portanto, a humanidade dos altares e das cidades brotou dos restos mortais de matadores-sacrificadores que são, de fato, os assassinos do menino Dioniso (DETIENNE, 2001, p. 92).

A civilização, a *pólis*, surge de um assassinato cometido por mascarados. Não nos esqueçamos da palavra *persona*, que originalmente evoca a ideia de "máscara", tema sobre o qual voltaremos adiante. Retomando a narrativa mítica, é preciso sublinhar não só que os deuses venceram os titãs, mas que, ademais, os seres humanos surgiram da fuligem de seus restos fulminados pelo raio de Zeus. Não há traço do comum no nascimento da humanidade, só atores mascarados que recriam uma guerra representativa em um teatro no qual se discute o que é e o que não é ser civilizado. Se o teatro serve na Grécia como modelo educativo, sua principal função consiste em mostrar o que podem ou não fazer os pobres humanos, que obviamente não devem contrariar os deuses.

É importante notar nesse discurso a assimilação da representação – forma alopolítica fundamental – como algo característico da espécie humana[29]. Se Foucault está certo – e parece que está –, as limitações e as características que integram nossas subjetividades encontram seu maior significado em suas dimensões domésticas e micropolíticas, de modo que parece termos naturalizado a tirania despótica do pai primitivo ao qual Freud atribuía a culpa herdada após seu assassinato. É desse mesmo pai que teríamos herdado a necessidade de representação, que séculos mais tarde está ancorada à humanidade e assim é transmitida e mantida sem qualquer problema pelos meios de comunicação e pela cultura, como se fosse a única solução disponível, mostrando-se com enorme força nas instituições sociais que, a exemplo da escola, desdobram o dispositivo da cidadania com base na representação, disfarçada pelos "progressistas" e liberais como veículo emancipador. Contudo, é evidente que a noção de liberdade se transforma historicamente e poderia ter nos permitido criar outras formas de lidar com nossos problemas sociais, como por exemplo a delegação, sem permanecermos assujeitados à máquina representativa da teologia política.

Da mesma maneira que a palavra "teoria" evoca a contemplação de deus (θεός), não podemos esquecer que o termo grego "teatro" tem suas origens nessa mesma raiz. Em θέατρον encontramos θέα, que se traduz tanto como "deusa" quanto como "contemplação". Nesse sentido, a estreita relação entre o teatro como lugar de contemplação e o espetáculo não pode ser desconsiderada. García Gual nos ensina sobre o papel predominante em matéria educativa que o teatro teve em Atenas, onde ele estima que se estrearam cerca de mil tragédias[30], de modo que não nos parece estranha a ligação entre a ideia de representação e a chamada democracia ateniense, regime político que a maior

---

[29] Para uma crítica radical da representação política, cf. MATOS, 2020.

[30] O arquivo da *internet* relacionado à obra de Carlos García Gual citada nas referências finais é uma conferência pronunciada por ele na Universidade Complutense de Madrid.

parte dos estudiosos insiste em dizer que não foi representativo. No entanto, o que talvez deveria se questionar é se a noção de representação política – à qual geralmente se atribui origem medieval, tal como fazem Schmitt (2002) e Esposito (2013) – na verdade não assenta suas primitivas raízes, enquanto expressão de uma mitologia política, no conhecido teatro ateniense. O ato fundacional da razão ocidental, descrito de maneira pomposa como "passagem do mito ao *lógos*", explica porque nossas categorias políticas sequer superaram a menoridade, eis que estão submersas na mais profunda superstição mitológica.

Ao invés de nos surpreender, a conexão entre representação e teatro deveria nos servir para entendermos quão arraigadas estão certas ideias mitológicas em nosso imaginário político compartilhado. Isso explicaria por que, para muitos teóricos, a representação não é somente um momento do político, mas algo conatural à espécie humana. Nessa perspectiva, entendemos ser necessária uma deslocalização epistêmica capaz de nos apartar dessa identificação, para assim nos darmos conta de que o peso da máquina da mitologia política apenas se velou durante os últimos vinte e oito séculos para melhor ocultar sua natureza daninha, tendo hoje ressurgido sob a forma de uma alopolítica que, lançando mão da suposta ameaça contida no *outro*, ativa os dispositivos da autosubmissão e da docilidade que comentaremos à frente.

A interiorização da representação como *conditio sine qua non* para a pretensa organização do comum se manifesta em certas interpretações equivocadas que se costuma fazer do célebre verso de Rimbaud, para quem "*Je est un autre*"[31], de modo a compreendermos tudo que nos rodeia e conforma nossas subjetividades como resultados do dispositivo da pessoa, conduzindo-nos a uma autoidentificação dual com um sujeito proprietário abstrato composto por uma parte racional e *outra* animal, tal como observa Esposito:

---

[31] Contudo, para nós o verso de Rimbaud evidencia a ideia de abertura constante dos conceitos de biopotência e bioemergência, tal como desenvolvidos neste livro.

> Mas o que para Descartes ainda era inerente à esfera do ser, muda para a esfera do ter na obra de Locke: "Embora a terra e todas as criaturas inferiores pertençam em comum a todos os homens, cada homem possui, não obstante, uma propriedade que pertence à sua pessoa" (ESPOSITO, 2017, p. 55).

Nessa observação, aparece claramente o dispositivo dual relativo ao "eu", de maneira que no lugar de *sermos* corpos, se diz que *temos* corpos, reproduzindo assim a lógica apropriadora do direito, perfeitamente exemplificada na ação de *habeas corpus*, mediante a qual, literalmente, se pede o corpo: "que tenhas o corpo (livre)" (NICOLIELLO, 1999, p. 117)[32]. Parece absurdo esperar que sujeitos construídos com base em retalhos e fragmentos, seccionados em partes estranhas e hostis que devem ser controladas, se comportem com naturalidade em relação aos outros de sua espécie e ao mundo que os circunda. Desse modo, percebe-se que o comportamento das pessoas em relação aos corpos é de possessão, algo juridicamente mais próximo do *rea mea est* do que do *ius mihi est*[33]. Um sujeito cujo dispositivo gerador das categorias de agenciamento e relação se resume a uma cabeça que controla um animal – do qual é proprietário e, portanto, responsável – acaba por agir como um cachorro sempre atado à coleira de seu amo, ladrando contra todos, como se o mundo fosse intrinsecamente ameaçador. Assim, tendo em vista que usamos os neurônios-espelho – responsáveis pela aprendizagem mediante processos de imitação – para entender as ações daqueles com quem convivemos, eles acabam nos servindo para pensar, de modo teatral, a fantasia de que o representado é a verdade e que, a partir dele, se pode controlar e submeter o estranho presente em cada um. É nesse sentido que o *bíos* incorpora a dualidade em seu interior como ponto de partida para o (auto)submetimento.

---

[32] Presente na maioria das Constituições atuais, o *habeas corpus* é previsto no inc. LXVIII do art. 5º da brasileira e no art. 17, 4 da espanhola.

[33] Respectivamente: "a coisa é minha" e "é meu direito".

Como já indicamos, a simples figura do pai projetada pelo filho é um bom exemplo de uma imagem doméstica e primitiva do pesado processo representativo a que estamos sujeitos. Mas essa naturalidade é apenas aparente. A tarefa da filosofia deveria ser o desmantelamento crítico dessa maquinaria que, mediante seu jogo de inclusão exclusiva, pretende não só, ao se naturalizar, nos fazer esquecer de sua procedência teológica, objetivando ainda se adaptar a qualquer tempo, como se fosse um dado natural do humano. Para resistir a tal processo, é imprescindível entender que, da mesma forma que o teatro ateniense ensinava o que era ou não tolerado pelos deuses e o que podiam ou não fazer os mortais, na atual sociedade do espetáculo a exemplificação e a mimetização são centrais. Por óbvio, há diferenças entre ambos os contextos históricos. Uma delas é o paradoxo hodierno envolvido no fato de escravos assalariados e/ou "autônomos" fazerem de tudo para assinar plataformas de entretenimento privadas como *Netflix*, *Amazon*, HBO e outras, enquanto na *pólis* ateniense era a cidade que pagava o teatro para seus cidadãos, consciente de sua importância educativa e subjetivante tanto em suas vertentes linguísticas como pré-linguísticas. Ao contrário, hoje são aqueles a que se dirige o poder subjetivante da representação espetacular os que acabam pagando não só para assistir seus filmes e séries, mas também os anúncios publicitários que, com impecável lógica representativa, proporcionam os modelos, papéis e estereótipos que todos devem performar na sociedade do espetáculo.

Edward Bernays parece interiorizar e compreender o caos e a maldade atribuídos ao ser humano por Freud no início do século passado, levando ao absurdo a necessidade de manipular a sociedade a ponto de todos chamarem de "democrático" um sistema ostensivamente orwelliano e fundado na mentira, tal como acontece hoje de maneira muito mais clara do que há um século:

A manipulação consciente e inteligente dos hábitos e das opiniões organizadas das massas é um elemento importante na sociedade democrática. Aqueles que manipulam este mecanismo oculto da sociedade constituem o governo invisível que detém o verdadeiro poder que rege o destino de nosso país. Aqueles que nos governam, moldam nossas mentes, definem nossos gostos ou nos sugerem nossas ideias são, em grande parte, pessoas de quem nunca ouvimos falar. Este é o resultado lógico de como se organiza nossa sociedade democrática (BERNAYS, 2010, p. 15).

Os espectadores são sujeitos que se sentem estranhos consigo mesmos e, para remediar isso, recorrem ao estágio de "espelho adulto", recebendo assim as instruções para continuar sendo um "eu". A inversão espetacular de nossa sociedade alcançou sua máxima expressão quando o ócio (*otium*), entendido como parte positiva da sistemática que produz o tempo do negócio (*neg/otium*), substituiu e aniquilou a importantíssima noção ateniense de *skholé* (σχολή) que, longe de ser um tempo para devolver ao espetáculo o dinheiro que ele próprio nos deu, tinha por função alimentar e conformar subjetividades que, centradas em um tempo do cuidado de si, transcendiam o mero entretenimento, diferentemente do que acontece agora.

A estreita relação simbólica entre a representação do teatro ateniense e o poder encarnado dos deuses se mostra de diversas maneiras. Não podemos esquecer que o deus do teatro nasceu do coração dos titãs vencidos pelos deuses olímpicos, mas a raça humana só pôde surgir das cinzas destes últimos graças à bondade exemplar e eterna dos deuses. Portanto, os seres humanos são filhos dos deuses e não dos antigos titãs, razão pela qual mimetizam tanto os traços positivos quanto os negativos dos olímpicos, sem o que não poderiam existir. Nada obstante, o surgimento dos humanos a partir da fuligem dos titãs é algo que lhes deve ser sempre recordado. Talvez por isso nossa espécie veja nos deuses pais vingativos que se deve temer e amar. Para tanto, há o espetáculo. Todavia, tal como demonstram vinte e oito séculos de teologia política, o mais importante é a interiorização maquínica do dispositivo teológico, ou seja, a capacidade de ver de maneira automática a relação entre representação política e poder em todas as relações sociais.

Daí provém a facilidade com que nossos governos representativos liberais se entregam sem qualquer vergonha ao circo espetacular legitimado pela crença de que é impossível encarnar a soberania popular em figuras diversas da representação. Nessa mesma linha, pode-se explicitar a tentativa funcionalista de individuação que as formas de poder impõem aos seres humanos, pois ainda que estes possam ser pensados a partir da noção de multidão, parece muito mais importante para o neoliberalismo individuá-los sob a categoria amorfa de massa, ou seja, um composto homogêneo à disposição de toda uma série de dispositivos, instituições e equipamentos coletivos que permitem ao poder se desterritorializar e controlar os corpos. Esse processo ainda facilita aos individuados a tarefa de mergulhar nas novas redes de significação, nas quais, completamente isolados graças aos filtros-bolha que o capitalismo algorítmico opera mediante redes sociais ou simples buscas na *internet*, acabam acreditando que são seres independentes. A realidade, contudo, é bem diversa.

Aqui poderia parecer mais adequada a noção deleuziana de "divíduo" e não a de "individuado". Todavia, entendemos que o conceito de individuado é melhor porque alude à preocupação consigo a partir da perspectiva dos *big data* – da qual se desprende a normalidade bioárztquica, tema do próximo capítulo – ao mesmo tempo em que conserva a noção de "não dividido", dado que cada sujeito individuado deve se responsabilizar por si mesmo, afastando-se da dimensão autônoma que atribuímos às singularidades biopotentes. De fato, hoje os indivíduos deram lugar aos individuados, intensificando assim a fabricação de pequenos narcisos virtualmente satisfeitos cujo único problema reside na impossibilidade de satisfazer o desejo. O fluxo constante de produtos materiais e imateriais postos ao alcance de qualquer um que possa pagar por eles impede que nos detenhamos um momento e saltemos o *continuum* do fluxo maquínico desejante a que somos arrastados pelo capital. Ao contrário, os desejos aparentemente satisfeitos levam os individuados a uma febril necessidade de desejar ainda mais. Com efeito, os investimentos libidinais do neoliberalismo fazem do desejo um problema a ser resolvido mediante objetos materiais ou estados e experiências de procedência principalmente virtual, o que se aprofundou a uma escala antes inimaginável durante a pandemia de COVID-19 e a necessidade de confinamento dos corpos. Tudo pode ser ativado para garantir o processo de individuação: desde sapatos e livros novos até o *WhatsApp* e a masturbação compulsiva diante de vídeos *à la carte*, com um amplo catálogo de gostos e fetiches. Essa atividade circular, desejante e voltada para o objeto impede o sujeito de se concentrar em seu próprio desejo singular, fazendo com que, paulatina e paradoxalmente, se dedique tanto a uma individuação narcisista como a uma condenação moral do desejo, elementos heterogêneos que podem explicar algo aparentemente incompreensível como a psique bolsonarista. Dessa maneira, o individuado acaba se tornando uma espécie de condenação viva de si mesmo e dos outros, ativando as pulsões tanatológicas e neuróticas próprias de figuras como Bolsonaro, seus filhos e seus apoiadores incondicionais. Diante dos inconfessáveis desejos de seus corpos, os individuados tentam em vão antepor as vontades artificiais de um "eu" construído por investimentos libidinais gestados pelo capital e suas instituições, que agora produzem algo antes impensável: uma pessoa-dispositivo[34].

Não surpreende que a forma alopolítica por excelência – qual seja, a representação – ofereça a promessa de ser a única possível. Todos os mecanismos representativos que supostamente

---

[34] Em seu famoso artigo "O que é o contemporâneo?", Agamben separa os seres viventes de um lado e os dispositivos de outro, definindo o sujeito como o resultado da ação dos segundos em relação aos primeiros. Ao que nos parece, tal não corresponde mais à realidade atual, na qual é evidente que os próprios seres viventes se tornaram dispositivos (cf. AGAMBEN, 2009)

84

deveriam facilitar o contato com nossas singularidades estão orientados a servir aos dispositivos individuadores, responsáveis por aquilo que Freud chamou de mal-estar na civilização. Com efeito, em nossas sociedades já está assimilada a noção de teologia política, que não passa de um eufemismo para designar uma máquina muito mais antiga radicada na mitologia política, como vimos na leitura dos mitos de Apolo e de Dionísio, efetivada neste capítulo. Se eu sou estranho para mim mesmo e você é estranho para mim, tal se dá porque verdadeiramente estranho é o meu "eu", que devo submeter e autocontrolar para dar lugar a um "eu" ideal. Ditado da máquina do capital.

βίος ἀρχή

4. bioarquia

Como vimos, cabe à alopolítica a tarefa de se defender enquanto corpo unificado do político e, por consequência, lhe é intrínseca a ideia de fabricação do estranho como modo de relação com o *outro*, que ela própria gera mediante seus dispositivos e alberga por meio de processos de inclusão exclusiva. Tal se revela nas diferentes figuras que, frutos da exclusão, acabam por ser incluídas diferencialmente na *pólis* e assimiladas nas redes de significação alopolíticas. Trata-se de imigrantes, refugiados, pessoas sem documentos, favelados, indígenas, pobres e quaisquer outras vidas que possam compor a "fauna" de manuais médicos e psiquiátricos, assim como ser internadas em centros construídos para separar o estranho e o corpo político "normal". Um exemplo são as prisões improvisadas para controlar o *outro* que na Europa recebem o nome de Centros de Internamento de Estrangeiros, verdadeiros não-lugares que escapam aos supostos direitos humanos. De maneira paradoxal, a alopolítica se liga retoricamente a isso que costumamos chamar de "humanidade". Contudo, ela não desenvolve uma obra propriamente humana em seu interior; há no máximo uma pretensão de gerar certo tipo humano bem definido. Para tanto, como bem assinala Esposito ao se referir à noção de *immunitas*, a alopolítica se vale da política como um tipo de doença autoimune que brota do próprio corpo. Em suas palavras:

> [...] pensemos no que acontece com as doenças autoimunes: quando o sistema imunológico é potencializado em demasia, vai contra o próprio organismo que deveria defender, destruindo-o. Obviamente, os sistemas imunológicos são necessários. Nenhum indivíduo ou corpo social poderia renunciar a eles; mas quando crescem desmedidamente acabam fazendo todo o organismo explodir ou implodir (ESPOSITO, 2016, p. 53).

O medo e o risco pertencem constitutivamente à fábrica neoliberal do humano, o que não significa que se liguem a algo como uma "natureza humana". De fato, não somos de determinada maneira em razão de uma "essência natural", e sim devido a nossa grande capacidade mimética. O sonho surgido na mente de Edward Osborne Wilson nos anos 1970 sob o nome de sociobiologia se traduz agora em novas tentativas reducionistas de nos convencer de que a "natureza humana" deriva de um tipo de biopoder naturalmente justificado e não das nossas singularidades biopotentes. Nesse sentido, relacionando as palavras de Esposito com o costumeiro reducionismo biologicista, percebemos que aquilo que a teologia política objetiva naturalizar ainda hoje continua ancorado na ideia do Dois: ou corpo político ou estranho.

Ora, não existe algo como *o* corpo político, a menos que acreditemos na imagem hobbesiana do Leviatã cuja cabeça, tronco e membros formam a fictícia gravura de *um* corpo político na conhecida capa da edição original do livro. Se os corpos deixam de ser multidão para se tornarem as escamas da malha protetora do Leviatã, tal acontece porque, na verdade, eles já não são mais corpos e nem mesmo órgãos com funções específicas, tendo se transformado em escamas da cobertura indiferenciada que protege o fantasmático corpo político, no qual funcionam como primeira barreira frente às agressões externas.

Wilson pretendia estudar as comunidades humanas como se fossem colônias de formigas. Sobre esse tema, esclarece Moffet:

> Uma das principais teses do livro é que, por mais desconfortável que possa parecer, as sociedades humanas e as socieda-

des de insetos são mais semelhantes do que gostaríamos de acreditar. Para os humanos, qualquer coisinha pode significar estranheza [...] (MOFFET, 2019, p. 2).

De modo semelhante, na obra de Moffet, bastante interessante de maneira geral, podemos encontrar afirmações simplistas que tratam a vida como algo fossilizado e de cuja observação poderíamos inferir sua "verdade". Contudo, os biólogos deveriam estar acostumados com o caráter interativo e criativo da evolução, com o que poderiam interpretar as entidades humanas *vivas* enquanto algo *vivo*, em movimento e que, devido a sua dimensão biopotencial, pôde dar lugar a seres intencionais capazes de desenvolver habilidades não contidas no genoma humano, tal como a escrita. A tradicional familiaridade com que alguns geneticistas e biólogos se referem ao genoma como programação é uma prova evidente de um cada vez mais dominante simplismo no que se refere ao humano.

Se, como indica Moffet, os seres humanos identificam qualquer sinal externo como algo ameaçador, talvez tal indique que, ainda que em certos pontos as sociedades de insetos e as humanas se pareçam, por isso mesmo deveríamos nos centralizar nas diferenças, por mínimas que sejam. Se aceitarmos que nosso entorno se funda em uma alopolítica que estende culturalmente as asas de seus dispositivos para criar diferença, separação e não aceitação da diversidade, certamente a humanidade se encontra atualmente no seu ápice. Todavia, qualquer biólogo sabe que, o que hoje chamamos de "ser humano", há cerca de quatro bilhões de anos não era mais do que células procariontes de cujo choque nasceram as atuais células eucariontes, presentes tanto em humanos como em insetos, tubarões e árvores (DENNETT, 2017, p. 7). Pensar que um ser cuja singularidade está baseada em seu cérebro tem as mesmas limitações que as de um grupo de insetos equivaleria a referendar certas afirmações absurdas que surgem em alguns setores da psicologia evolutiva, em seu afã de justificar psicobiologicamente ações como o estupro e a pedofilia. Conforme já dissemos, nos referimos a um animal que pode construir hospitais e desenvolver habilidades de escrita; atribuir-lhe caráter social bioequivalente ao de um grupo de formigas não diz muito sobre o ser humano e sua "natureza", e sim sobre as limitações e os objetivos de certos cientistas que insistem em manter leituras reducionistas ou interesseiras. Excluir o caráter intencional de um animal que tem a capacidade de pensar no futuro e no passado, assim como fazer planos ou defender formas políticas inexistentes – a exemplo da democracia –, inclusive colocando em risco a própria vida mediante greves de fome, não passa de uma limitação teórica. Obviamente, aqui não estamos tentando condenar a ciência, mas indicando as falhas e insuficiências de alguns de seus setores específicos e especialmente dogmáticos, tal como as chamadas neurociências.

Nada obstante, voltemos ao nosso monstro e às sociedades estáticas que, sob a forma de corpo político, lhe dão fundamento. Na caracterização do Leviatã hobbesiano se costuma esquecer que se trata de um monstro marinho, de maneira que, em sua qualidade anfíbia, as escamas lhe permitem dar forma a um tipo de dualidade protetora, que vai da capacidade homeostática inerente à pele até seu caráter de barreira protetora. Na realidade, aqueles que vêem os corpos individuais como escamas do monstro acabam por negá-los ao lhes impor o papel de mera pele, a qual nutre tanto o corpo do Leviatã, como um todo, quanto a sua cabeça. Todavia, ser a pele de outro corpo que não o nosso nos condena ao sofrimento, à dualidade do Dois, já que a pele é, como indica Valéry, "[...] o mais profundo que há no homem, na medida em que ele se conhece" (VALÉRY, 2004, p. 42).

Se não entendermos que o que existe na política são *corpos* e não um corpo político unificado, permaneceremos ancorados a essa antiga estrutura que decide quem é o estranho e o que é o racional e o ético. A aspiração do corpo político a ter uma única cabeça e reduzir o resto das cabeças individuais a pelos da epiderme se deve à tentativa de interiorizar a loucura da razão de Estado, já que a única maneira de se tornar "a" verdade é encarnar a loucura, normalizando-a. Em sua solidão, o Leviatã esquece as escamas que o formam e, caso sinta o prurido do desejo e as necessidades de cada corpo-escama, se contenta em se coçar e arrancar as escamas da pele que se confunde com sua malha protetora. "Se eu sou a verdade, se eu sou a razão", diz o Leviatã, "rebelar-se contra a minha vontade não os converte em mais do que loucos". Assim, a loucura enquanto poder desmedido acaba diagnosticando a própria loucura. É desse modo que o Leviatã do político dita a barreira, o limite entre o normal e o patológico, parecendo dar uma piscadela para Canguilhem quando este escreve: "Se as normas sociais pudessem ser vistas tão claramente quanto as normas orgânicas, os homens seriam loucos se não se conformassem a elas" (CANGUILHEM, 2006, p. 194). Na realidade, o dito de Canguilhem deveria ser interpretado de outra maneira, entendendo-se que a norma mais ética parece ser aquela que carece de ética, por estar aberta ao outro e ao contágio.

A alopolítica faz dos corpos da multidão um conjunto de *outros*, de estranhos. Por seu turno, uma visão biopotente calcada no comum pressupõe que não há nenhum motivo para tratar a diversidade enquanto algo intrinsecamente ameaçador. Cobrirmo-nos com a pele do outro para protegermos nosso corpo, tal como faz o Leviatã, não nos tornará imunes. Ao contrário, nos fará ainda mais dependentes da constante avaliação dos riscos, como se fôssemos crianças a quem não é permitido se sujar e com isso se imunizar. De fato, é impossível o surgimento de categorias democráticas (cf. CASTORIADIS, 1977, pp. 359-360)[35] na

---

[35] Castoriadis se refere aos componentes básicos da democracia como forma política do comum na qual, longe de haver um *outro*, há participação da diversidade na política. Para tanto, o filósofo indica as categorias fundamentais da democracia: a vivência na *ekklésia* (ἐκκλησία), corpo soberano múltiplo e vivo em que constantemente se debate e atua; tal se torna possível tendo em vista a relação entre o direito igualitário de tomar a palavra (*isegoría*, ἰσηγορία) e o peso também igualitário das vozes que a usam (*isopsephía*, ἰσοψηφία), considerando ainda a obrigação moral do falar franco (*parrhesía*,

fábrica de separação alopolítica que reduz o múltiplo e o diverso a inimigo a ser assimilado pela exclusão inclusiva. Daí surge a ânsia de ocupar o papel de médico do reino, encarregado de indicar que vida é digna de ser vivida e inclusive o que deve ser qualificado como vida e que função se lhe reserva no corpo político. Segundo Esposito:

> Desde o início do século 20, não só na Alemanha, mas também na América, os homens considerados "inferiores" são aproximados mais dos animais do que dos homens "superiores". A categoria de humanidade, mais do que um todo homogêneo, mostra-se cindida em duas zonas distintas e separadas a partir da fratura que constitui a animalidade. [...] Como foi rapidamente teorizado pelos ideólogos nazistas, as raças superiores estão autorizadas a bloquear a contaminação degenerativa produzida pelas raças inferiores, deportando-as ou eliminando-as. Onde para Darwin havia uma seleção natural, agora há uma seleção artificial [...] (ESPOSITO, 2016, p. 75).

A necessidade de conhecer a pele e assimilá-la como proteção exige um processo de incorporação no qual se desenvolve um combate sem fim para que alguns se tornem a cabeça e muitos outros sejam convencidos a ser pele. Mas precisamente porque a pele é o mais profundo do corpo, cada qual precisa de sua própria pele para ser um "eu" ao lado dos demais. A especificidade da alopolítica consiste em alterar a ideia de *ser com* os outros para transformá-la em *ser à custa* dos outros, explorando-os e submetendo-os para que alguns possam se transformar na cabeça do Leviatã. Quando o neurótico, que acredita saber definitivamente como se deve viver, erige a si mesmo enquanto verdade, ele acaba por qualificar a mera vida dos outros corpos como formas de loucura que a cabeça alopolítica precisa ordenar. É nesse sentido que se pode ler, por exemplo, a importância da figura do médico no nazismo. Sobre o tema, Esposito nos diz:

παρρησία). Por seu turno, um corpo político no qual a voz se isola na cabeça do Leviatã é apenas uma máquina devoradora de diversidade.

Por que a medicina foi a profissão que, muito mais do que as outras, concedeu uma adesão incondicional ao regime? E por que o regime conferiu aos médicos um poder tão grande sobre a vida e a morte? Por que pareceu confiar ao médico o cetro do soberano e inclusive o livro do sacerdote? Quando Gerhard Wagner, o *Führer* dos médicos alemães antes de Leonardo Conti, disse que o médico voltará a ser o que foram os médicos do passado, voltará a ser "sacerdote, o médico sacerdote", ele não fez mais do que afirmar que a ele, e somente a ele, compete em última instância o juízo sobre quem há de manter a vida e quem há de ser expulso à morte (ESPOSITO, 2009, p. 146).

A bioarquia (βίος ἀρχή) nazista parece insuperável em termos de horror, controle e decisão sobre o *bíos*. Contudo, ao nos referirmos à alopolítica, temos em mente uma forma mais sutil e refinada de submissão, vocacionada para assinalar não quem deve morrer ou viver, mas o estranho que deve ser incorporado e incluído hierarquicamente na sociedade por meio de sua própria exclusão. Como tal, a alopolítica vai ainda mais longe do que a bioarquia. Por que abrir mão daqueles que não agem como deseja a cabeça do Leviatã? Não é melhor colocá-los para trabalhar em benefício do monstro? Eles não são lixo, e sim "recicláveis". A ânsia nootrópica, surgida nos anos 1970 do século passado por meio do neurocientista Corneliu E. Giurgea – de quem logo voltaremos a falar – tornou possível o gradual desenvolvimento de um novo discurso sobre o normal e o patológico. Ao invés de reduzir parte da população a sujeitos que devem ser eliminados ou mantidos em instituições de internamento como as prisões e os manicômios, a alopolítica prefere transformá-los – lançando mão dos "milagres" da biofarmacologia – em sujeitos quimicamente maleáveis e economicamente produtivos.

Nesse contexto, é revelador notar que o termo alemão para "médico", *Arzt*, tem origem na palavra grega "chefe". Esse conhecido e dual sentido a que se refere a palavra *arkhé* e que em suas origens encarnava a figura do *arquíatra* (ἀρχίατρος) já remetia ao poder do médico de ditar a hora da morte e a hora da vida. Os arquiatras eram precisamente os médicos dos monarcas e é no mínimo curioso que a palavra "médico" em alemão se refira a "chefe" (ἀρχή) e não ao vocábulo grego para "médico" (ἰατρός), trazendo ao primeiro plano a importância do poder e não tanto da prática médica. Tal também se evidencia, por exemplo, na ideia de "psiquiatra" – literalmente, "médico da alma" (ψυχή ἰατρός) –, quando ao invés de se dedicarem àqueles que demandam seus inestimáveis serviços[36], esses profissionais agem como braços normalizadores da produtividade e da otimização constante do *outro* visto como sujeito submetido às demandas do capital. Talvez tenha chegado o momento de abandonar a ideia de bioarquia, que autores como Esposito atribuem de maneira acertada ao nazismo, para qualificar nossa época, centrada na nootropia integrante da razão farmacêutica, como uma *bioarztquia*.

O peso da palavra dos novos sacerdotes – apartados da evidência científica tão necessária em medicina e que deve ser medida por meio de biomarcadores – se põe a serviço de uma forma constante de depuração e otimização de recursos vitais para maior glória do neoliberalismo. Diferentemente da bioarquia, a bioarztquia não se contenta em eliminar ou controlar a vida, preferindo explorá-la até à exaustão para que se traduza em lucro. Sua razão de ser, inoculada nos corpos pela racionalidade neoliberal, se revela na noção de rendimento a ser sempre maximizado, valendo-se para tanto de substâncias otimizadoras orientadas à produtividade. É o que acontece, por exemplo, com o uso do metilfenidato, pois ao carecer de biomarcadores, os diagnósticos de doenças inventadas – como o Transtorno por Déficit de Atenção com Hiperatividade (TDAH) ou o Transtorno Desafiador de Oposição (TOD) – são emitidos tendo em

---

[36] Sobre o tema, Félix Guattari afirma que "[...] hoje a psicofarmacologia é usada principalmente para fins repressivos. [...] Em vez de suprimir toda pluralidade de expressões, toda abertura ao real e ao *socius*, poderia servir para ajudar os indivíduos a desenvolverem suas potencialidades" (cf. GUATTARI, 2017, p. 480).

vista os princípios docilizadores, produtivistas e reducionistas da bioarztquia.

O que na bioarquia nazista era uma decisão sobre quem podia ou não viver, em sua versão neoliberal, centrada na otimização dos recursos vivos, se converte em decisão sobre o que *significa* viver. Nos campos nazistas de extermínio, sob a sombra da sentença "*Arbeit match frei*", os poderes bioárquicos se dedicavam a produzir o esgotamento da vida nua do *outro* ao destiná-lo às fábricas da morte, principal produto e obsessão do nazismo em sua ânsia de pureza e eliminação do diferente. Fossem judeus, ciganos, homossexuais, comunistas ou qualquer forma de vida diferente, todos eram objeto do esforço de aniquilação levado a efeito pela bioarquia nazista no *Lager*. Por seu turno, na bioarztquia o que importa é fazer com que cada corpo se responsabilize por si mesmo e integre uma empresa universal fundada na otimização garantidora de obedientes e disciplinados trabalhadores que, conscientes de suas responsabilidades para com o corpo político e seguindo os livros do novo sacerdócio bioárztquico – ou seja, os manuais de avaliação e diagnóstico psiquiátrico mais comuns, como o DSM-5 ou o CIE-10 –, entendam que, por exemplo, há um prazo "normal" para o luto dedicado à morte de um ente querido, para além do qual a tristeza se torna depressão e, portanto, algo patológico. Ademais, a desmotivação em razão de uma vida laboral incerta e que se converte em apatia passa pela necessidade de ansiolíticos, álcool ou outras substâncias, às vezes exigindo-se o consumo de todos de uma só vez.

A bioarztquia lança mão da alopolítica para fabricar e incorporar o *outro*, não para destruí-lo. Tal se dá por meio de dispositivos de conformação da subjetividade disponibilizados tanto pelos meios de comunicação quanto pelos filtros-bolha que, mediante algoritmos informáticos, funcionam para manter os sujetos encerrados em suas individuações, nunca em suas singularidades. Nosso mundo é composto por papéis e estereótipos onipresentes na publicidade, nas instituições e em mecanismos que fabricam "eus" autodisciplinados. Estes desconhecem qualquer autonomia porque são conformados pela autognomia[37], ou seja, por um tipo de auto-diagnóstico "responsável", típico da bioarztquia. Diante da dúvida, os individuados sempre entenderão o comum como algo intrinsecamente patológico, na esteira de uma longa tradição que vai do platonismo ao medievo, funcionando como estrutura de controle do *bíos* que condena a própria vida sob a forma de figuras culpabilizantes, a exemplo do pecado[38]. Por sua vez, na bioarztquia, o imperativo originariamente grego de conhecer a si mesmo se converte na exigência de conceber a si mesmo como alguém que deve ser sempre melhorado. Caso surjam questionamentos, silêncios, apatia ou falta de rendimento, o sujeito precisa se autodiagnosticar e medicar-se o mais rápido possível. Desse modo, o indivíduo acaba sendo autoindividuado em razão de incessantes práticas autodiagnósticas que o levam a abandonar sua autonomia em troca de uma constante identificação com o que é potencialmente patológico, doente ou suscetível de ser melhorado e otimizado.

---

[37] Conceito desenvolvido em GARCÍA COLLADO, 2019.

[38] As ideias de pecado e penitência aparecem a partir do cristianismo, repercutindo de maneira significativa na concepção do "eu" e no controle do sujeito em relação a si mesmo. É o que Foucault explica em obra póstuma recentemente lançada: "Mas esse 'fazer verdadeiro' essencial à penitência não tem o papel de reconstituir pela memória os erros cometidos. Ele não procura estabelecer a identidade do sujeito nem fixar sua responsabilidade, não constitui um modo de conhecimento de si e do seu passado, sendo antes a manifestação de uma ruptura: corte do tempo, renúncia ao mundo, inversão da vida e da morte. O penitente, diz Santo Ambrósio, deve ser como esse jovem que volta para casa depois de uma longa ausência; aquele que ele amava vem até ele e diz: aqui estou, *ego sum*. E ele responde: *sed ego non sum ego*. Chegará o dia, na história da prática penitencial, em que o pecador terá que se apresentar ao sacerdote e detalhar-lhe verbalmente suas faltas: *ego sum*. Mas em sua forma primitiva, a penitência, ao mesmo tempo exercício e manifestação, mortificação e veridição, é uma forma de afirmar *ego non sum ego*. Os ritos de exomologia garantem a ruptura da identidade" (FOUCAULT, 2018, p. 105).

Foucault revelou em sua *História da loucura na época clássica* os procedimentos de classificação do *outro*, visto como alguém separável e aprisionável. Hoje, a biofarmacologia – longe de desconsiderar a produtividade do humano, desde que submetido à (auto)diagnose – não só não separa os sujeitos do corpo social, mas os inclui no interior de suas muralhas para que eles próprios se responsabilizem por si mesmos. Nesse sentido, a bioarztquia dá um passo a mais se comparada com a bioarquia nazista e a análise biopolítica que Foucault dedicou ao liberalismo em suas formas clássicas e contemporâneas. Com efeito, a alopolítica e sua bioarztquia responsabilizam o outro que elas próprias fabricam, nele enxertando o dever de, mediante esforços econômicos e farmacológicos, passar a integrar a malha do Leviatã.

Enquanto os corpos continuarem presos como escamas protetoras do corpo político, serão incapazes de vislumbrar suas próprias biopotencialidades, com o que a bioarztquia e sua fábrica alopolítica continuarão gerindo o *bíos* ao tratar os corpos como populações, cifras e estatísticas sanitárias securitizadas que alimentam o mercado, a concorrência e o *big data*. O Leviatã que reduz a multiplicidade dos corpos a uma malha-pele engana suas escamas protetoras graças ao papel ativo do bioarztca de plantão, que parece agir seguindo o já superado – e perigoso – teste padrão de alergias concebido por Carl Prausnitz y Heinz Küstner. Da mesma maneira que Prausnitz injetou em si mesmo soro (mistura de água e sangue) retirado de Küstner e comprovou, vinte e quatro horas depois, a aparição de erupções cutâneas, o Leviatã injeta seu próprio soro em cada uma de suas escamas para que elas acreditem que a reação alérgica produzida é própria de seus corpos e não causada pela inoculação intradérmica do soro de uma pessoa alérgica – a peixe, no caso de Küstner[39]. O que hoje se conhece como reação P-K é muito similar ao que o Leviatã faz surgir em sua epiderme. Com a con-

---

[39] Graças ao risco humoral presente nesse teste clássico da alergologia, ele se tornou obsoleto.

vicção de que essa reação comprova *suas* doenças, os corpos ali assujeitados acabam por defender as limitações postas por *sua* cabeça, ou seja, a cabeça unificada do Leviatã. O que as escamas desconhecem é que, em cada injeção de soro, os sujeitos que paradoxalmente têm medo de viver e de se misturar com outros corpos são contaminados pelo sangue do Leviatã. Uma vez doentes "de verdade", as escamas-sujeitos poderão fazer uso das maravilhas que a biofarmacologia põe a seu alcance de modo individuador, em uma espécie de jogo controlado no qual cabe a cada um a medicação para sua própria patologia, causada por um lado pela vida e, por outro lado, pelo sangue letal do Leviatã.

Assim, as reações exorbitantes da pele dos corpos individuais que formam o artificioso corpo político são, na verdade, reações causadas pela inoculação intradérmica de um soro alheio, proveniente de outro corpo cuja cabeça nos cabe decapitar para que possamos efetivamente ser corpos. De fato, os corpos que acreditam ser a pele do Leviatã, e assim se identificam com o monstro alopolítico, interpretam os eritemas e as reações alérgicas do corpo unificado como se fossem próprias, quando na realidade são problemas que nada têm a ver com o fato de *poderem ser* corpos. É ao compreender isso que surge o comum como potencialidade democrática. Ao deixar de ser pele de outro corpo, pode-se ser corpo encarnando a própria pele. Para Bataille, tal se dá por meio da crítica à ideia de limite: "O ser limitado não é mais do que um particular [...] Sua essência me é dada no nada que define meus limites. Sua própria atividade define esses limites". Se o ser se define pelos seus limites, Bataille afirma que a comunicação se efetiva quando colocamos em jogo esses limites, dado que: "A comunicação não pode partir de um ser pleno e intocado pelo outro: precisa de seres que tenham o ser – em si mesmos – postos em jogo, no limite da morte, do nada" (BATAILLE, 1972, p. 227). Essa identificação pensada por Bataille entre o nada e o limite constitui, sem dúvida, a principal questão que a alopolítica (e sua superação) põe diante de nós.

Entender a pele como limite do corpo, assim como identificá-la com o nada, demonstra que a ideia de política, desde Foucault ligada à biopolítica, não é mais do que tanatopolítica. Uma política dos limites só pode dizer respeito ao perigo da morte na comunidade que, apesar da dimensão comunicativa sublinhada por Bataille, nos revela com clareza sua intenção dirigida à dominação do outro. Uma política do limite constitui uma política voltada para o *outro*, para o estranho. Nessa perspectiva, a comunicação parece ser impossível. Tal remete à conhecida confusão entre comunicar e vencer o outro com palavras, ou seja, "con-vencer". As formas de comunicação que queiram ir além da alopolítica precisam abandonar a pretensão de se impor ao outro visto como estranho. Do contrário, o ato de se comunicar nada terá a ver com o comum, convertendo-se em um dispositivo alopolítico para fabricar sujeitos patologizados que renunciam à autonomia necessária à democracia, mergulhando assim na autognomia.

O poder bioárztquico exige que a vida seja sacrificada para tornar possível *a política*. Nada obstante, trata-se de um sacrifício para *o político*, pois o que se sacrifica é a própria vida, ou seja, os corpos que devem ser melhorados, otimizados e postos a serviço do capital. "O importante é que você saiba que pode melhorar a si mesmo", assegura o bioarztca, já que todos e cada um de nós devemos assumir a obrigação nootrópica de tirar de nós mesmos a máxima vantagem em todos os âmbitos, da saúde à aparência física até à felicidade exposta nas redes sociais e à "reciclagem" educacional e profissional. Pensar diferentemente equivale a abandonar os muros protetores da *pólis*, onde os arqueiros nos apontam, para nosso próprio "bem", as suas flechas. Na verdade, é a alopolítica que mira essas flechas em nossa direção. De qualquer maneira, não parece necessário disparar para além das muralhas, pois lá não há vida a ser defendida, apenas loucura, terrorismo, guerra, fome, morte e pobreza. A alopolítica comprova que, salvo raras exceções, toda concepção política ocidental sempre se ligou à possibilidade de fazer morrer ou de gerir a vida, quer dizer, produzir um tipo de morte em vida.

As tradicionais formas biopolíticas apresentam o *outro* como algo do qual devemos escapar ou eliminar, sendo que a relativa novidade da bioarztquia consiste na proposta de assimilá-lo como sujeito suscetível de trabalhar para o *bíos*. Nesse contexto, a tanatonecropolítica – essa outra face da biopolítica que continua existindo na era bioárztquica – aparece de maneira suplementar enquanto constante ameaça voltada para os "incorrigíveis" e os improdutivos. Aprofundando esse processo, a alopolítica faz com que identifiquemos em nosso interior uma alteridade doente que pode ser melhorada e ordenada "racionalmente", ou seja, com base na razão neoliberal dominante. Graças à teologia – ou mitologia – política que há séculos domina nossas subjetividades, fomos levados a crer que essa alteridade que nos habita é ameaçadora. Por seu turno, a proposta de biopotência desenvolvida neste livro pretende trazer à tona esse outro "eu" pretensamente irracional que está dentro de nós e que nos propomos a chamar provisoriamente de impessoal, como veremos adiante. Contudo, antes é necessário criticar outro elemento que, ao lado da bioarztquia, compõe e torna operante a alopolítica, qual seja, a nootropia.

TODO PODER

INDICA

O OCULTAMENTO

DE UMA POTÊNCIA

νοός τρόπος
5. nootropia

Em sua demolidora obra *Nosso futuro psiquiátrico*, eloquente e ao mesmo tempo crítica em relação aos modismos das neurociências, Nikolas Rose (1996) nos recorda algo que pouco a pouco parece ter caído no esquecimento: a psiquiatria sempre foi uma disciplina biopolítica. Para perceber isso, basta mencionar sua função tanto em matéria eugenética quanto na formação de esquemas de normalização, bem como no que se refere às questões de risco e de proteção social. Da mesma maneira, sua função foi marcante durante o nazismo e nos movimentos de higiene mental de meados do século XX. Todavia, o que nos parece mais importante neste capítulo não são esses temas, já referidos anteriormente de forma sumária, pois o assunto que destacamos agora tem a ver com o que Rose (1996, p. 193) chama, desde os anos 1990, de "o fardo econômico das doenças mentais", dado que, a partir da ideia segundo a qual há uma carga econômica imponível ao Estado que provém dos males psíquicos (supostos ou reais), pode-se reconstruir todo um discurso biopolítico muito específico, como indica Foucault:

> Em 1942 – em meio a essa guerra mundial que matou quarenta milhões de pessoas – consolidou-se não o direito à vida, mas um direito à saúde. [...] O plano Beveridge determina que o

> Estado se ocupe com a saúde. A partir da segunda metade do século XX, surge um outro conceito. Já não se fala então de obrigação e de higiene para se gozar de uma boa saúde, mas do direito a adoecer quando se quiser e quando se precisar. O direito de interromper o trabalho começa a ganhar corpo e se torna mais importante do que a antiga obrigação de limpeza que caracterizava a relação moral dos indivíduos com seus corpos. [...] A saúde entra no campo da macroeconomia. [...] Consequentemente, a saúde – ou a sua falta – e o conjunto das condições que permitem garantir a saúde dos indivíduos se torna uma fonte de despesas que, pela sua importância, é colocada no nível das grandes rubricas orçamentárias do Estado, independentemente do sistema de financiamento. [...] A saúde, a doença e o corpo começam a ter suas bases de socialização. Ao mesmo tempo, tornam-se um instrumento de socialização dos indivíduos (FOUCAULT, 2011a, pp. 40-42).

Nesse parágrafo, no qual aparece a noção genérica de "peso econômico da saúde", estão rascunhadas as linhas mestras do significado social da "carga econômica da saúde mental" a que aludimos. Foucault explica como, a partir dos anos 1940, consolidou-se um novo direito que vai além do direito à vida puro e simples. Trata-se, como visto, do direito à saúde. Nesse momento se percebe o surgimento de uma carga econômica para o Estado, que agora deve assegurar não só a sobrevivência do sujeito, mas também a sua boa saúde. Todavia, em um segundo momento, aparece outra problemática muito mais contundente, radicada na possibilidade de se interromper o trabalho e na necessidade daí derivada de prever essa situação e cobrir seus custos. Para tanto, será central o papel da assistência e previdência social, bem como dos seguros estatais e privados.

Do leque de oportunidades que se abre para o indivíduo obter um benefício securitário ou previdenciário qualquer, surgem ao mesmo tempo os impedimentos, que não se resumem simplesmente à dificuldade de receber diagnósticos que justifiquem os auxílios, também dizendo respeito à proliferação de travas jurídico-burocráticas, desde sempre fundamentais para o Estado administrativo. Ligada à diligente e aparentemente "humanista" resolução de adjudicar certo benefício, se ocultam obscuras dificuldades burocráticas, tal como demonstrado de forma exata e dura por Ken Loach no filme *Eu, Daniel Blake*, de 2016. As armadilhas, as demoras, as papeladas e as eternas revisões tanto médicas quanto administrativas fazem com que aqueles que legalmente deveriam se beneficiar da assistência e previdência social acabem desistindo, ainda que precisem desesperadamente do auxílio requerido. A burocratização se converte assim em uma ferramenta de guerra suja contra quem deveria ser ajudado, e tudo isso apesar da dimensão "positiva" da biopolítica, que objetivaria conservar ao máximo a vida da população. Nesse sentido, não surpreende o fato de terem sido precisamente as companhias de seguros as que mais investiram na realização de estudos psicofarmacológicos para combater "a carga" que essa nova variação biopolítica gera. Tal cenário nos permite compreender um conceito fundamental para a bioarztquia, qual seja, a nootropia.

Com o aprofundamento da responsabilidade do Estado, ele progressivamente transformará o cuidado com a saúde da população em um imperativo social de autocuidado que os sujeitos deverão interiorizar de maneira individualista e obedecer. Dessa maneira, a repugnante ideia de que "todos somos o Estado" se revela como uma brilhante estratégia de *marketing* que coloca sobre os ombros dos indivíduos o dever de cuidado com a própria saúde, tal como se vê hoje de forma grotesca graças ao negacionismo patrocinado, no Brasil, por Bolsonaro durante a pandemia de COVID-19, quando a população foi não apenas abandonada à própria sorte, mas sistematicamente exposta a uma campanha de desinformação e a ações coordenadas de disseminação da doença por parte do governo federal, o que, obviamente, só pode ser lido como um cruel exemplo da mais genuína necropolítica. Nesse contexto, pode-se consultar a importantíssima pesquisa conduzida pela Faculdade de Saúde Pública da Universidade de São Paulo e pela Conectas Direitos Humanos que demonstra, sem qualquer dúvida, que o governo

Bolsonaro comprovadamente pôs em marcha uma estratégia institucional de propagação do novo coronavírus no Brasil[40].

Retomando, contudo, a discussão sobre a nootropia, se percebe uma paulatina transformação "voluntária" dos sujeitos, que se submetem a constantes controles e revisões para evitar se tornarem uma carga para o poder político-econômico. A ideia de inverter a responsabilidade coletiva do Estado com a saúde, transformando-a em uma dimensão privada, passa por campanhas de persuasão orquestradas pela opinião pública que se baseiam em sentenças fascistas como "não pergunte o que o Estado pode fazer por você, e sim o que você pode fazer pelo Estado". Dessa maneira, se constrói mais um dos aspectos do sujeito individuado, capturado pela rede dos *big data* para ser "normalizado" e quantificado em termos de gastos sanitários, inclusive tendo em vista a saúde mental. Disso deriva uma nova relação entre os corpos e o Estado fundada nos resultados de cálculos estatísticos relativos a riscos sanitários e suas repercussões sociais no fomento da produção. Essa viragem dá lugar tanto a uma ética, enquanto dispositivo de socialização dos seres humanos em relação aos demais de sua espécie, quanto à (auto)exigência de otimização de si, entendida como dívida social cujo coroamento resulta na fusão do neoliberalismo com um Estado supostamente mínimo.

Traçadas essas linhas gerais, é chegado o momento de discutir de modo mais detido o conceito de nootropia. O que possivelmente parecerá curioso ao leitor, seja ele um neófito no âmbito das neurociências ou alguém que trabalha na área, é o fato de nunca ter escutado essa palavra. Ao longo da última década, toda vez que utilizamos tal conceito em artigos científicos, con-

---

[40] Cf. o boletim *Direitos na pandemia: mapeamento e análise das normas jurídicas de resposta à* COVID-19 *no Brasil* lançado pelas instituições supraditas, que prova objetivamente o caráter necropolítico do governo Bolsonaro na gestão da pandemia: <https://www.conectas.org/wp/wp-content/uploads/2021/01/Boletim_Direitos-na-Pandemia_ed_10.pdf>. Acesso em: 15 abr. 2021

ferências e aulas, tanto em ambientes de divulgação quanto universitários, não importa se locais, nacionais ou internacionais, percebemos o completo desconhecimento em relação ao termo. Nesse sentido, esclarecemos que o uso que fazemos dessa palavra não tem a ver com nenhum bizantinismo acadêmico, antes se relacionando com a necessidade crítico-filosófica de dar às coisas seus verdadeiros nomes e lutar contra as derivas eufemísticas tão necessárias ao neoliberalismo, orientadas a modificar e a transformar nossa opinião mediante a evocação de metáforas cognitivas que suavizam as intenções ocultas do poder produtivo operante (DAHLET, 2019). Nesse contexto, ainda que o conhecimento da palavra "nootropia" seja nulo, muitos que de fato lançam mão de práticas nootrópicas estão familiarizados com outro termo muito mais famoso: *neuroenhancement*. Para quem conhece essa expressão inglesa, o vocábulo "nootropia" constitui apenas um pedantismo típico da filosofia que lhe faz surgir no rosto uma careta ao mesmo tempo desdenhosa e condescendente, levando-o a dizer algo como: "Ah, tudo bem! Você está falando de *neuroenhancement!*"

Todavia, ainda que ambos os conceitos pareçam se referir à mesma realidade, tal não corresponde à verdade. A noção de nootropia não é uma invenção de filósofos. Por seu turno, o termo *neuroenhancement* não passa de uma deformação conceitual interesseira de carácter persuasivo. Enquanto a palavra "nootropia", criada por Corneliu E. Giurgea (1972), vem dos termos gregos para "mente" (*noós*, νοός) e "mudança" (*trópos*, τρόπος), a palavra inglesa *neuroenhancement* pode ser traduzida como "melhoramento cognitivo". Nesse sentido, não se pode desconsiderar que, em termos de recepção social, o marco referencial cognitivo ativado pela palavra "melhoramento" é valorizado de maneira muito mais positiva do que aquele relativo à palavra "mudança", sobretudo em uma perspectiva biopolítica. Em nossas sociedades, tão habituadas a pagar de forma privada pela saúde, a ideia de melhoramento cognitivo parece ser muito mais sedutora do que as promessas sanitárias do Estado, constantemente descumpridas e, em certos territórios conflagrados como o Brasil, inexistentes ou mesmo letais, a exemplo do que ocorre com a cloroquina patrocinada pelo governo Bolsonaro durante a pandemia de COVID-19[41]. Evidentemente, a nootropia faz parte do arsenal do neoliberalismo, que exige que cada um cuide de si mesmo para melhor produzir em um cenário de incertezas e de acirrada competitividade universal, com o que fica evidente a vantagem cognitiva do termo "melhoramento".

De fato, a ideia de melhoramento, tão caracteristicamente bioárztquica, não só tem um sentido positivo para a maioria das pessoas, mas a palavra rival "mudança" se choca diretamente com o que a psicologia chama de viés cognitivo de confirmação, ou seja, a tendência individual de resistir a concepções diferentes das ideias preconcebidas pelo sujeito. Enquanto a mudança parece nos empurrar rumo a uma personalidade volúvel e indefinida, o melhoramento nos promete uma versão otimizada de nós mesmos. Em termos bioárztquicos, o melhoramento não tem por objetivo nenhum cuidado de si no sentido foucaultiano, e sim a "transformação responsável" dos indivíduos em empresas de si mesmos, e isso não só para deixar de ser um peso para o Estado, mas também para substituir a incômoda liberdade humana pela otimização produtiva do sujeito individuado neoliberal. Nessa perspectiva, é imprescindível saber quais substâncias psicofarmacológicas ingerir para render mais, que alimentação contribuirá para o "melhoramento cognitivo" e uma longa lista de *inputs* que parecem se referir mais à manutenção de uma máquina do que ao cuidado de um ser humano supostamente "livre". Como já indicamos, tudo isso começou a partir dos anos 1940 com o plano Beveridge na

---

[41] Sobre a repulsiva defesa necropolítica de Bolsonaro da cloroquina, entre outras drogas não apenas comprovadamente ineficazes contra a COVID-19, mas perigosas para os doentes, cf. <https://www.cartacapital.com.br/politica/o-que-ha-por-tras-do-lobby-de-bolsonaro-pelo-uso-da-cloroquina/>. Acesso em: 15 abr. 2021.

França e agora, em ritmo crescente, se espalha por todo o mundo como uma irrefreável mancha de petróleo.

O esquecimento do termo "nootropia" não é trivial nem inocente, tratando-se antes de algo característico de nossas sociedades que, encurraladas pela razão farmacêutica[42] e lançando mão de eufemismos delicadamente esgrimidos, abrem espaço para o desenvolvimento intensivo da bioarztquia. Como sabem os teóricos da publicidade e das relações públicas[43], todo bom manipulador deve usar a mentira, cultivando um tipo de arte que usa a invenção, a deformação e outras estratégias, tal como a desfiguração dos marcos referenciais cognitivos mediante palavras que têm maior aceitação social, a exemplo de "melhoramento" no lugar de "mudança". Tais palavras são mais aceitáveis porque foram colocadas no centro da significação social de maneira deliberada mediante um hábil trabalho de modificação semiótica. Desse modo, aqueles que não querem ouvir

---

[42] O conceito de razão farmacêutica traz consigo uma série de pressupostos universalizadores, colonizadores, neoliberais e reducionistas, tal como ensina Andrew Lakoff: "[...] da mesma forma que [as políticas neoliberais] abrem o mercado aos produtos estrangeiros e liquidam o Estado, liquidam também as formas de cuidado hospitalar, os critérios de formação, as instituições formadoras e a universidade pública como centro de difusão do conhecimento. [...] Essa especificidade dos psicofármacos é uma invenção grosseira. O modelo médico é mecanicista, insuficiente em todos os sentidos para entender a loucura... Pensar, por exemplo, que a tristeza ou a melancolia é um problema de neurotransmissores é ridículo. As pessoas ficam tristes devido às coisas que acontecem nas relações com os outros, com seres humanos" (LAKOFF, 2009, p. 57 e p. 65).

[43] O que era originalmente "propaganda" acabou se tornando "propaganda e relações públicas" nas mãos de Edward Bernays, tendo se transformado hoje, graças a uma nova pirueta eufemística, em "publicidade e relações públicas". Nessa perspectiva, é de grande importância e interesse a obra de 1923 do citado Bernays (2011). Cabe acrescentar que as mais recentes mudanças conceituais acima indicadas se deram para separar a ideia de opinião pública da dureza de figuras como Goebbels, ministro da propaganda nazista.

falar de mudança, acolhem a ideia de melhoramento como se fossem crianças com brinquedos novos. Hoje a noção de aperfeiçoamento responde a um desejo artificial compartilhado em relação ao qual muitos desconhecem tanto o *porquê* como o *para quê* ou o *para quem*. Evidentemente, sob a promessa de que esses supostos melhoramentos nos ajudarão a viver mais e melhor, se ocultam os que se beneficiam de tais esperanças, razão pela qual é importante inserir no debate sobre a biopolítica a ideia de nootropia, tendo em vista suas claras repercussões e fundamentos bioárztquicos.

É preciso chamar as coisas pelos seus verdadeiros nomes para assim reconhecê-las e enfrentá-las, principalmente tendo em vista a imensa capacidade de replicação memética[44] existente em nosso mundo, a qual permite, com a divulgação de um novo conceito/imagem, o desencadeamento de esquecimentos seletivos e a ativação de ações programadas para a "reciclagem" dos sujeitos considerados improdutivos, em relação aos quais se põem em funcionamento tanto mecanismos de controle como de autocontrole, sejam eles linguísticos ou pré-linguísticos. Referimo-nos tanto às semióticas significantes, que tentam se impor mediante discursos concretos sobre a realidade, bem como às semióticas não linguísticas que os corpos aprendem, por exemplo, durante a infância, entre as quais podemos citar os uniformes – que evocam sentimentos de poder e força –, os espaços de ensino, as ruas, etc. Há também as semióticas deriva-

---

[44] É significativo que o conceito de "meme" tenha sido bastante alterado nos últimos tempos. Seu sentido original de replicador cultural similar aos genes, tal como explicado por Richard Dawkins em *The selfish gene*, passou hoje a evocar uma imagem pretensamente engraçada acoplada a uma frase lapidária, formando um híbrido imagem/texto simplista que se replica de forma descontrolada nas redes. Ainda que alguns ridicularizem e minimizem esse dispositivo, não se pode negar seus devastadores efeitos enquanto motor de mudança persuasiva que garantiu, por exemplo, o antes impensável triunfo eleitoral de personalidades abjetas e sem qualquer relevância política, tal como Trump nos EUA e Bolsonaro no Brasil. Sobre o tema, cf. GOMES; MATOS, 2019.

das das propagandas eleitorais e das representações teatrais do político, que acabam sendo vistas como manifestações do único modo de governar em um cenário alopolítico de imposição, mas também de convencimento da sociedade acerca de seu próprio sentido e destino, que hoje só pode ser neoliberal.

Quando uma sociedade considera que seus problemas de saúde devem se traduzir em termos de carga econômica, se evidencia que o Estado não trabalha para o conjunto de seu suposto "povo", e sim para o poder econômico que o parasita e dele se nutre. A justificação de certas políticas sociais de disciplina e de controle – travestidas sob a capa já denunciada por Foucault com a irônica frase "é preciso defender a sociedade" – constitui um passo a mais na perversão política que nos leva a aceitar oximoros absurdos e hilários, mas extremamente graves em suas repercussões, a exemplo da noção de "democracia autoritária". Assim, longe de qualquer eufemização, para abordarmos a questão central deste capítulo nada nos parece melhor do que ler as palavras de Giurgea, o neurocientista romeno que cunhou o termo "nootropia":

> Mas realizamos, individualmente ou como espécie, todo o nosso potencial genético? [...] As nossas escolas para crianças "superdotadas" ou, por outro lado, para deficientes mentais, são apenas dois exemplos do esforço social que está a ser desenvolvido nessa área. Em todos os estágios da interface genoma-meio, juntamente com os fatores sociais, econômicos e outros que constituem o macro e o microclima humano, a intervenção farmacológica é cada vez mais concebível e aceita. É nesse nível que se situa essa tentativa nootrópica, que apresenta um meio desprovido de toxicidade e efeitos colaterais para tornar mais eficientes os processos nervosos "plásticos", ligados diretamente à noosfera. Cabe ao farmacologista participar, muito modestamente, de um dos maiores esforços da humanidade, que é ir além da pergunta de Platão: "Quem somos nós?". Sim, "conhecer a si mesmo", mas com que finalidade? [...] parece-nos que o sentido profundo desse imperativo socrático é o de conhecer-se não para se contemplar de maneira narcisista ou,

ao contrário, complexada, mas para construir a si mesmo. O homem não vai esperar passivamente milhões de anos até que a evolução lhe forneça um cérebro melhor. Ele o moldará para si mesmo maximizando seu potencial genético na direção evolutiva, isto é, aumentando a eficiência telencefálica integrativa. Portanto, guardadas todas as proporções, desenvolver uma farmacologia da atividade integrativa do cérebro, no sentido nootrópico, parece-nos encontrar seu lugar nesse amplo objetivo humanista (GIURGEA, 1972, p. 151).

Ainda que Giurgea inicie seu texto se referindo ao "modesto papel" da nootrópica, ato contínuo ele alude – de maneira bem pouco humilde – à necessidade de responder a uma das grandes questões da humanidade: o que somos? Como se não bastasse, ele a responde com o imperativo de construir a si mesmo[45]. Na verdade, quando em 1972 Giurgea se refere à nascente nootropia, entendida como a possibilidade de maximizar a atividade cerebral mediante psicofármacos, ele pretende dar um salto de gigante sobre aquilo que lhe parece apenas um atraso advindo da passividade humana, que até então deixara a possibilidade de melhoramento nas mãos da lenta evolução. Nada obstante, talvez o mais surpreendente para alguns seja o fato de Giurgea justificar sua proposta com base no humanismo. Aqui é preciso

---

[45] Apenas três anos antes da publicação do artigo de Giurgea, outro neurocientista, José M. Rodríguez Delgado, professor da Universidade de Yale e da Universidade Autônoma de Madri, publicava uma obra pouco comentada cujo título fala por si só: *Controle físico da mente: rumo a uma sociedade psicocivilizada*. Nela pode-se ler: "Civilizamos nossa ecologia, mas continuamos bárbaros em nossa psicologia. Dentro de certos limites, controlamos os átomos, as árvores e os animais, enquanto não aprendemos ainda a nos controlar. Devemos buscar novas soluções para civilizar nossa psique, com a consciência de organizar nossos esforços para o desenvolvimento de uma futura sociedade psicocivilizada" (RODRÍGUEZ DELGADO, 1980, p. 288). Ao se comparar esse trecho com o artigo de Giurgea, percebe-se a sutil mudança de paradigma, dado que o conceito de autocontrole presente na obra de Delgado se transforma em otimização no texto de Giurgea.

ter em mente todos aqueles autores que, partindo de Nietzsche, veem no humanismo apenas um tipo de "bovinização" e de domesticação de seres humanos, e não a fantástica e sonhada dimensão emancipatória própria de uma sociedade igualitária e utópica. Eis o motivo pelo qual a citação acima começa aludindo ao papel da educação, que hoje consiste em uma violência extrema que "normaliza" os seres humanos ao tratá-los como objetos, algo que não parece inquietar boa parte da população. De fato, a maioria aceita docilmente o uso de psicofármacos de comprovada ineficácia, bem como não se incomoda de ser tratada de maneira infantilizada. Mas há mais: enquanto os adultos de nossas sociedades ingerem substâncias cujos efeitos colaterais eles desconhecem, milhões de crianças em todo o mundo são diagnosticadas como portadoras de transtornos mentais inexistentes mediante falácias e evidentes mentiras sustentadas por psicopedagogos, psiquiatras e professores, levando-as a serem dopadas com drogas altamente perigosas, tal como o metilfenidato. O aludido perigo advém não só dos danos observáveis no cérebro de quem ingere essas drogas, mas também da deterioração da vida cotidiana devido a efeitos colaterais como insônia, aumento de peso e outros problemas[46]. Por fim, não se deve subestimar o risco objetivo derivado da facilidade com que se pode alcançar uma dose letal dessas drogas.

A pergunta que poderia ser feita agora é a seguinte: o que há de novo em nossa perspectiva crítica a respeito da bioarztquia que supostamente excederia a biopolítica? Antes de mais, é preciso esclarecer que não pretendemos negar o paradigma da biopolítica pensado por Foucault e integrado por autores

---

[46] "No entanto, o fato inevitável é que todas as drogas atualmente usadas na psiquiatria atuam na neurotransmissão por todo o corpo, no intestino, nos músculos e em outras partes, muitas vezes ocasionando aumento de peso, sonolência, problemas motores e muito mais. [...] não há evidências de que a função neurotransmissora seja anormal em pacientes com diagnóstico de transtornos mentais antes de seu tratamento com drogas psiquiátricas" (ROSE, 2019, p. 101).

como Hardt & Negri, Agamben e Mbembe, mas radicalizá-lo com a noção de bioarztquia, bem como oferecer novas linhas de fuga por meio da ideia de biopotência, a ser aprofundada nos próximos capítulos. Aqui importa notar que um dos principais acertos das teorias biopolíticas se radica na crítica à ideia de autocontrole, algo que, hoje em dia, se confunde com a noção de autonomia do sujeito, junção esta que, no entanto, nos parece ainda pouco estudada.

Com efeito, autocontrole não é autonomia; ao contrário, a versão neoliberal de autocontrole atualmente dominante elimina todo contato direto entre a realidade exterior e o sujeito do inconsciente que nos integra. Tal arranjo permite que, de maneira progressiva, se estabeleçam mecanismos de autorrepressão mediante semióticas pré-linguísticas que fazem com que o sujeito acabe por aceitar a dominação ao mesmo tempo que se crê livre, o que pode ser observado tanto em um motorista da Uber quanto em um apoiador convicto de Bolsonaro. Os mecanismos semióticos presentes na escola, no lar e nos meios de comunicação com os quais se interiorizam as formas de poder se convertem assim em verdadeiros motores educativos invisíveis, já que utilizam semióticas pré-linguísticas que se interiorizam, por exemplo, em escolas que se dizem inclusivas e potenciadoras da autonomia dos alunos, mas que não veem problemas em instalar torneiras ou estantes que as crianças não podem alcançar sem a ajuda dos adultos. Pense-se, ainda, nas cozinhas deliberadamente desenhadas para mulheres, tendo em vista sua estatura média. Ainda que linguisticamente possamos sustentar acertadamente que cozinhar não é "coisa de mulher", na dimensão pré-linguística do mobiliário e do espaço, a partir da qual aprendemos muito mais do que imaginamos, a mensagem é diametralmente oposta. Nesse contexto, carece de sentido qualquer discurso sobre quem tem o poder no âmbito escolar ou doméstico, pois para responder a essa questão basta estar presente diante de semióticas tanto assignificantes quanto simbólicas. Tudo isso contribui para a pressuposição de que as coisas não podem ser mudadas e que quem pensa diferente só pode ser qualificado como infantil diante da suposta inevitabilidade da realidade.

Como já vimos, se na biopolítica o sujeito está ancorado ao autocontrole, a bioarztquia o leva a dar um passo adiante em direção à autognomia. Assim, mediante essa nova dimensão, pretendemos tornar evidente a constante confusão entre autocontrole e autonomia, tema que, mesmo que não seja estranho aos estudos de biopolítica, não recebe um tratamento privilegiado e específico. Com efeito, não é a mesma coisa a interiorização e a aceitação da realidade – algo que, em certa medida, todo ser humano responsável deve efetivar – derivada da ideia de autocontrole e a tomada de consciência da realidade como algo que, em interação com nossos corpos biopotentes, pode ser transformado. O caminho que conduz ao cativeiro pode ser o mesmo que permite encontrar a saída, ainda que deva ser trilhado em outra direção.

O atual sujeito nootrópico criado pela bioarztquia não se conforma apenas com o autocontrole, dado que seu desejo artificial de otimização ligado à produtividade faz do diagnóstico uma de suas principais ferramentas. Por isso, entendemos que o conceito de autognomia – e não simplesmente o de autocontrole – é mais exato para caracterizar essa dimensão bioárztquica, qual seja, a interiorização e a aceitação acrítica de autodiagnósticos criados para fundir de uma vez por todas a gestão da vida com a otimização dos sujeitos em benefício do modelo produtivista neoliberal. O que na biopolítica era autocontrole, a partir do prisma multifacetado da bioarztquia se transforma em conhecimento de si enquanto justaposição de órgãos – jamais como corpo biopotente – sempre suscetíveis de melhora ou adoecimento. Dessa maneira, a nootropia, entendida como expressão de uma cada vez mais dominante razão farmacêutica comandada pela bioarztquia, oferece todo um leque de dispositivos de aperfeiçoamento para a produção neoliberal, indo desde as clássicas disciplinas, controles e autocontroles até à autognomia e sua exigência de otimização. Ao mesmo tempo, se torna patente a repulsa social à livre mudança do sujeito que não esteja ligada diretamente à produção capitalista, tal como se comprova na persecução legal de pessoas envolvidas em radicais processos transformativos físico-subjetivos como aqueles narrados por Paul B. Preciado em seu *Testo junkie* (2013).

A autognomia conta com contadores biométricos, tais como hodômetros e medidores de cafeína e de controle do peso, entre muitos outros dispositivos para manter uma "vida saudável". Ademais, essa autognose neoliberal exige exames médicos periódicos e as mais diversas análises, mas não para medir a qualidade de vida e sim garantir a individuação de sujeitos prontos para a produção. Nessa perspectiva, a título exemplificativo, percebemos que não interessa à bioarztquia a pobreza energética que impede milhões de pessoas na Europa e nos EUA de ter calefação no inverno. Uma vez adoentadas, elas devem simplesmente se medicar com rapidez para continuar produzindo.

Há verdadeiras campanhas mundiais de relações públicas patrocinadas pelas farmacêuticas que, ao invés de se dirigirem diretamente a seus consumidores, objetivam que se legisle em favor dos seus negócios. É importante destacar os esforços de mercadotecnia que, explorando o comportamento habitual graças ao qual as pessoas não costumam criticar os "conselhos" de autoridades cultural e socialmente aceitas como médicos, psicólogos e psiquiatras, agora apresenta tais profissionais como garotos-propaganda e fiadores das empresas farmacêuticas[47]. Tal se verifica em um dos casos mais paradigmáticos de nootropia, o do tratamento do TDAH – suposto transtorno mental que afetaria cerca de 5% da população mundial – por meio de drogas que não têm sua eficácia simplesmente questionada, mas extensamente des-

---

[47] Deve-se ressaltar a importância da mercadotecnia na proliferação dos diagnósticos de TDAH, bem como os efeitos objetivos daí derivados no que se relaciona a mortes derivadas do uso das substâncias receitadas contra essa suposta doença. Sobre o tema, vale a pena a leitura do capítulo 6 da obra de Baughman e Hovey, "El fraude del TDAH" (2007).

cartada, já que são tão inúteis quanto nocivas[48]. Para se legitimar a fraude, fala-se em uma suposta origem genética de transtornos como o TDAH, o qual inclusive poderia ser observado objetivamente mediante imagens do cérebro. Nessa perspectiva, parece-nos curioso como, por exemplo, os diretores do *National Institute of Mental Health* (NIMH) dos EUA negam peremptoriamente a suposta utilidade desses estudos, apesar de toda dedicação e gastos a eles dispensados[49]. Ora, a maioria dos que defendem a existência de transtornos como TDAH argumentam que há inúmeros estudos nesse campo, sendo que o TDAH seria hoje a patologia mental mais pesquisada no mundo, o que é verdade. Contudo, a realização de mais e mais estudos não significa, por si só, a comprovação da existência do objeto estudado, dado que, por

---

[48] Há uma imensa literatura científica sobre esse tema, da qual destacamos os já citados estudos de Nikolas Rose e a obra de García, Gonzáles e Pérez (2015).

[49] Nikolas Rose se refere de forma contundente e transparente à fala do último diretor que abandonou o NIMH, Thomas Insel, o qual comentou os resultados obtidos sobre o TDAH nesse instituto: "Surpreendentemente, Insel na verdade não se desculpa pelos vinte bilhões de dólares gastos em sofisticados artigos que falharam completamente no cumprimento de suas promessas de oferecer melhorias no que se refere à saúde mental e sua recuperação. Mas as implicações são claras. Depois de treze anos argumentando que a chave para a compreensão dos problemas de saúde mental está na pesquisa em neurociência e genética, se o objetivo era melhorar os serviços para as pessoas com doenças mentais, o resultado foi um fracasso". É por isso que nos parece tão grave a tremenda aceitação social das neurociências, apesar de seus resultados muito limitados em matéria de saúde. Continua Rose: "Thomas Insel, então ainda diretor do NIMH dos EUA, observou: 'O maior problema não são os anúncios da GSK e da AstraZeneca, e sim quando se olha para o horizonte e se vê o que as empresas estão realmente fazendo em matéria de desenvolvimento de medicamentos psiquiátricos... Existem muito poucas novas entidades moleculares, pouquíssimas ideias novas e quase nada que dê qualquer esperança de uma transformação no tratamento das doenças mentais'" (ROSE, 2019, p. 88 e p. 130).

exemplo, a proliferação de cursos de teologia em todos os cantos do mundo não serve como prova da existência de Deus, sendo mais provável que seja diminuída a crença nesse "monossílabo de enorme sucesso" (a ironia é de Bioy Casares). Não se crê em Deus porque há provas de sua existência; trata-se de uma questão de fé. Se para crer em Deus são necessários argumentos objetivos, desaparece o sentido da fé. E é precisamente à fé, e à "boa fé" das diversas autoridades médicas, que se apela para comprovar a existência do TDAH, de modo que muitos defensores dessa ideia se referem àqueles que a negam como não crentes, e tudo isso diante da inexistência de biomarcadores capazes de indicar objetivamente a presença do TDAH.

Perguntamo-nos se os pais, que confiam naqueles que receitam drogas como o metilfenidato para seus filhos desde a mais tenra idade, aceitariam isso se soubessem que o diagnóstico, longe de ser objetivo e "científico", é apenas um construto teórico, uma entidade clínica carente de base científica e que se fundamenta no conceito talvez mais filosófico que existe: o de normalidade. É muito fácil constatar isso, pois qualquer um pode consultar textos como o *Manual de diagnóstico e estatístico de transtornos mentais* (*Diagnostic and statistical manual of mental disorders* – DSM, na sigla em inglês), que serve como Bíblia diagnóstica para muitos profissionais da área de saúde mental[50], e verificar de que maneira a inexistência de biomarcadores limi-

---

[50] Insel escreveu em 29 de abril 2013, avaliando a aparição da quinta edição do DSM: "Embora o DSM tenha sido descrito como uma 'Bíblia' para o campo, ele é, na melhor das hipóteses, um dicionário, criando um conjunto de etiquetas e definindo-as. A força de cada uma das edições do DSM tem sido a 'confiabilidade' – cada edição garante que os médicos usem os mesmos termos da mesma maneira. A fraqueza é sua falta de validade. Ao contrário de nossas definições de isquemia cardíaca, linfoma ou AIDS, os diagnósticos do DSM são baseados em um consenso sobre grupos de sintomas clínicos, não em alguma medida laboratorial objetiva. No resto da medicina, isso equivaleria a criar sistemas de diagnósticos com base na natureza da dor no peito ou na qualidade da febre" (INSEL, 2013, s/p).

ta bastante o grau de confiabilidade avaliativa, que se funda na noção altamente discutível de normalidade ou, ainda pior, em ideias dogmáticas, como revela Thomas Insel, diretor do NIMH durante a publicação do DSM-5. Os itens de verificação aludem, por exemplo, a ações típicas das crianças, tais como mover as pernas e os dedos, se levantar da cadeira ou se distrair.

Não existem ciências "mais" ou "menos" verdadeiras, assim como não há uma definição objetiva do que é "normal", como ensinou Foucault. Todavia, isso não significa que tudo se equivalha e possamos dizer que um diagnóstico de TDAH é tão válido quanto um de diabetes. Nesse sentido, parece-nos crucial a crítica dos fatores de fundamentação epistemológica em qualquer campo de conhecimento que se queira científico, algo que quase nunca ocorre a pesquisadores obcecados em atribuir um modelo "correto" ao comportamento humano, a exemplo do que ocorreu na descrição da drapetomania. Esse termo foi cunhado em 1851 pelo médico estadunidense Samuel Cartwright para categorizar o que, para ele, era uma doença mental que afligia os escravos negros, neles produzindo uma mania que se traduzia no impulso de fugir dos campos de algodão em que trabalhavam de sol a sol. Além de diagnosticar o mal, o bom Doutor Cartwright ainda oferecia a cura, que consistia primeiramente em tratar os negros como crianças submissas, com "atenção, bondade e humanidade". Caso ainda assim permanecesse a mania de fugir, eram aconselhadas chicotadas terapêuticas (JACKSON, s/d., pp. 4-5)[51].

Esse exemplo evidencia a relação entre as ciências psi e suas categorias normalizadoras, neste caso absurdo comprometidas com a legitimação dos lucrativos negócios que se desenvolviam nos campos de algodão. De acordo com o olhar médico da época, somente um negro *louco* preferiria escapar da escravidão ao invés de continuar trabalhando para seus benevolentes amos... Revela-se assim, em um exemplo hoje intolerável, a magia performativa que leva muitos a esquecerem a inconsistência e a

---

[51] Um resumo do trabalho "científico" de Samuel Cartwright pode ser lido em CARTWRIGHT, 1851.

falta de fundamentação presentes em diversos diagnósticos psiquiátricos. Nos dias atuais parece que certos transtornos infantis derivam não de qualquer doença mental da criança, mas da incapacidade de profissionais e pais, que consideram que educar é uma batalha e não uma relação entre seres humanos, como comprovam os diagnósticos de TDAH ou de TOD. Este último "transtorno" chega a um nível quase tão ridículo quanto o da drapetomania, já que se refere ao "desafio de oposição" de uma criança diante das ordens de um adulto.

Entretanto, ainda que possa parecer em alguns momentos, este não é um capítulo dedicado à crítica da psiquiatria e das demais ciências psi. É evidente que nos referimos a *certo* modo de fazer psiquiatria que, infelizmente, tem se espalhado por todos os rincões do mundo, sempre sob a égide dos pomposos prefixos "bio" ou "neuro". Trata-se de uma psiquiatria que encontrou na psicofarmacologia seu maior aliado, que ao contrário de ser o último recurso para tratar seres humanos, se tornou o grande negócio das empresas farmacêuticas[52]. E isso apesar de seus erráticos e frágeis resultados terapêuticos e seus diagnósticos que confundem correlação neuronal com evidências orgânicas[53], tal

---

[52] Analisar imagens como aquelas geradas por ressonância magnética, que se referem a um momento concreto e determinado da vida de certo sujeito, para daí derivar a suposta existência de danos orgânicos objetivos no seu cérebro tendo em vista o nível de atividade neuronal, é um erro muito comum no âmbito de diagnósticos como o de TDAH, mediante o qual se pretende medir a "atenção" do paciente. Todavia, apresentar maior ou menor atividade neuronal em certo momento não equivale a um problema orgânico, diferentemente do que ocorre, por exemplo, com quem possui um dano irreparável no nervo óptico. Ainda que queira, este último jamais poderá enxergar. Nada obstante, no que diz respeito à atenção, é evidente que ela varia tendo em vista aspectos puramente relacionais e motivacionais, e não orgânicos. Assim, alguém diagnosticado com TDAH pode ser um mestre nos *videogames*, por exemplo, o que demonstra a dimensão subjetiva e relativa do obscuro conceito de "atenção".
[53] "[...] a indústria farmacêutica possui capacidades altamente desenvolvidas para reunir e comercializar evidências favoráveis aos seus in-

como ocorre na análise de neuroimagens das quais se pretende depreender maior ou menor atividade neuronal sem levar em conta a motivação do sujeito. A tudo isso se somam os cursos subvencionados por organismos estatais e/ou de classe e a decretação de dias oficiais da depressão ou do TDAH, por exemplo. Desse modo, os sujeitos se familiarizam com a farsa e caem na armadilha semiótica significante. É corriqueiro que, apesar da inexistência de evidências científicas sobre transtornos como o TDAH, muitas pessoas afirmem ter assistido cursos ou lido sobre essa suposta doença, disso concluindo que ela de fato existe, desdenhando assim aqueles que problematizam tais discursos e, agindo como quem deduz a existência de Deus a partir da frequência ao catecismo, acabam confundindo ciência e fé.

Nessa perspectiva, consistente em acreditar que todo problema vital de um sujeito tem origem orgânica tratável por alguma droga, se abre uma inesgotável fonte de lucros, ilustrando perfeitamente a sentença latina *"pecunia non olet"*. Trata-se de uma frase atribuída ao imperador romano Vespasiano que, ao ser perguntado se não lhe parecia sujo cobrar taxas relativas aos lugares em que se urinava, teria esticado a mão cheia de moedas e dito: "o dinheiro não fede".

Essa concepção de medicina chegou hoje ao auge não em razão de uma real epidemia silenciosa, e sim graças à constante psiquiatrização das variações de caráter (HORWITZ; WAKEFILED, 2007), bem como em razão da mercantilização da saúde com o objetivo de favorecer a produção econômica, dado que para a bioarztquia nootrópica, que se dirige fundamentalmente à produção de sujeitos individuados em termos patologizados, produção e saúde mental caminham lado a lado. Nesse sentido, como já dissemos, é transparente a função dos manuais de avaliação

---

teresses comerciais. Ideias e dados são vigorosamente distribuídos. As técnicas utilizadas para comercializar informações se desenvolveram a tal ponto que mudanças significativas na mentalidade tanto dos médicos quanto do público podem ser produzidas em questão de poucos anos" (HEALY, 2002, p. 373).

médica como o CID-10 e o DSM-5, por meio dos quais se legitima o imperativo de rápidos diagnósticos, que transformam em doenças as variações anímicas típicas dos seres humanos. A tristeza, a ansiedade, o estresse e a timidez, que em termos objetivos não são circunstâncias aptas a indicar qualquer patologia, acabam sendo assim consideradas, em especial graças à razão farmacêutica, de feição biologicista e reducionista, que estende cada vez mais seu olhar patologizante. Tal olhar tem por objeto não só os comportamentos normais derivados de uma demissão, de um despejo ou de uma separação, chegando a patologizar as etapas do desenvolvimento humano, como ocorre com a infância e a adolescência[54].

A evidência sobre o papel limitador e normalizador da psiquiatria em nossas sociedades já bastaria para escrever um extenso comentário crítico de corte biopolítico. Todavia, é sua atual evolução bioárztquica que nos leva a discutir o novo *tópos* nootrópico paradoxalmente desterritorializado, já que hoje as máquinas que nos rodeiam para facilitar nosso trabalho, a exemplo dos computadores e celulares, são capazes de detectar uma possível crise ou desmaio. Nesse contexto, não se deve desconsiderar as funções que em breve pode ter a nanotecnologia, que promete realizar transformações capazes de superar em muito os dispositivos biopolíticos de manipulação e controle que conhecemos, abrindo ademais um extenso campo de aplicação na domótica e na biometria, tudo em nome da otimização nootrópica para aumentar a produção. Segundo entendemos, são decisivos os fatores de conformação semiótica derivados do fato de vivermos em um mundo repleto de máquinas, de modo que antes mesmo de começar a utilizá-las, já aprendemos desde a infância a vê-las como algo natural e constitutivo de nosso ser. Sem dúvida, isso contribuirá para apagar irremediavelmente a tênue linha divisória entre trabalho e vida

---

[54] É bastante significativo o título do livro de Marilyn Wedge, *A disease called childhood*. Na mesma dimensão e trazendo uma eloquente crítica à infundada ideia da origem genética do TDAH, recomendamos a obra de García, González e Pérez (2015).

em nossas sociedades, nas quais independentemente das jornadas semanais oficiais, trabalhamos de maneira "voluntária" ao estarmos conectados vinte e quatro horas por dia.

O corpo que cada um de nós é, e que maquiamos com noções ostentosas como a de "pessoa", na verdade está à deriva entre a individuação e a singularidade. A nootropia cria exclusivamente sujeitos individuados, jamais singularidades. Hoje já não faz muita diferença se alguém trabalha ou assiste a um programa na TV a cabo, pois em ambos os casos se produz duplamente. Em primeiro lugar, fabrica-se o sujeito individuado que consome séries, podendo dar lugar ao "devorador de séries". E aí aparece o segundo sentido da produtividade, pois o sujeito individuado produz a possibilidade de que exista a produção de séries. A contingência se transforma em necessidade e a singularidade dá lugar ao individuado que se define, por exemplo, como consumidor de séries, incrementando assim o processo de produção de identidades docilizadas.

Tanto a linguagem[55] como as semióticas pré-linguísticas circundantes funcionam como redes a partir das quais os corpos extraem os significados do mundo que os rodeia, o qual, por sua vez, determina o que eles são. Portanto, para estabelecer os marcos referenciais cognitivos que nos permitem falar de "normalidade", deve-se levar em conta as dimensões do inconsciente. E isso não com base em ideias quase mágicas como os chamados "efeitos subliminares", e sim considerando o constante assentamento de uma ampla variedade semiótica que está muito além do domínio da racionalidade discursiva. Quando crianças de dois anos de idade começam seus périplos de avaliações neuro-

---

[55] Basil Bernstein exemplifica algumas dessas semióticas linguísticas de entrada no mundo: "A relação linguística entre a mãe e o filho das classes superiores é tal que os sentimentos pessoais da mãe, seu ego, a maneira como ela reflete sobre seu ambiente (inclusive sobre si mesma) e organiza suas respostas a esse ambiente serão transmitidas mais por meio dos aspectos verbais da comunicação do que por seus aspectos expressivos" (BERNSTEIN, 1975, p. 34).

científicas que acabarão as transformando em sujeitos individuados e não em singularidades, não é tanto o diagnóstico – que em certo momento de suas vidas se tornará sua etiqueta de apresentação social[56] –, mas a entrada e a permanência em um mundo de exames médicos – que vão desde o teste das variáveis de atenção (*Test of variables of attention* – TOVA) até ressonâncias magnéticas –, acostumando-as à autognose, que as levará a confundir essas constantes avaliações com autonomia. E isso tudo porque, frente a semióticas simbólicas próprias das crianças, a exemplo de pirraças, choros e gritos, alguns pais concluem que seus filhos precisam ser diagnosticados e normalizados, transformando-os, então, em sujeitos patologizados.

Como se percebe, tomamos o TDAH como exemplo da problemática extensão da nootropia nos dias atuais, o que nos permite denunciar a impressionante facilidade com que, pouco a pouco, são criadas novas redes semióticas significantes por autoridades médicas cuja legitimidade é nula em termos ontológicos e epistemológicos, mas que ainda assim conseguem impor suas verdades e interiorizá-las em um número crescente de sujeitos. Nesse sentido, o caso do TDAH é paradigmático porque revela a relação entre produção e melhoramento de si, com ênfase na dimensão cerebral.

Em uma sociedade nootrópica, costuma-se desconsiderar a importância da entrada semiótica no mundo e as conformações pré-cognitivas que esse processo envolve. Como bem notou Lazzarato, a entrada no mundo não está necessariamente ligada de modo direto ao discurso ideológico do capitalismo, e sim a semióticas assignificantes como a música, o uso de computadores, jogos do tipo "banco imobiliário" e outras formas de acessar a realidade antes que se possa desenvolver uma linguagem, o que é observável em crianças que dominam um *tablet* ou um celular antes mesmo de aprender a falar (LAZZARATO, 2014). Nessa mesma linha e anteriormente a Lazzarato, em *A revolução mole-*

---

[56] É comum que pessoas diagnosticadas com TDAH se refiram a si mesmas como: "sou um TDAH".

cular Guattari desenvolveu toda uma análise das semióticas de controle e de subjetivação em termos de servidão maquínica[57], na qual se conjugam tanto forças pré-pessoais, pré-cognitivas e pré-verbais quanto dimensões suprapessoais que vão desde a percepção até a linguagem e semióticas assignificantes, a exemplo do dinheiro.

Julgamos curiosa a mudança radical que a nootropia impõe à concepção tradicional de sujeito, que deixa de ser um ente total, visto como um corpo que tem uma mente e produz uma consciência, para se tornar mero objeto orgânico. Ainda mais extravagantes e cada vez mais corriqueiras são certas expressões que dizem, por exemplo, como o cérebro "aprende", desconsiderando assim que são as singularidades enquanto totalidades não totalizantes que aprendem a interagir com seus entornos. Evidentemente, como qualquer órgão, o cérebro pode adoecer,

---

[57] Sobre esse importante conceito, ouçamos Lazzarato: "O capitalismo conhece duas modalidades de produção, de tratamento e de exploração da subjetividade: a sujeição social e a servidão maquínica. A sujeição social, ao nos prover de uma subjetividade, ao nos assinalar uma identidade, um sexo, uma profissão, uma nacionalidade, etc., produz e distribui papéis e lugares. Ela constitui uma armadilha significante e representativa à qual ninguém escapa. A sujeição social produz um 'sujeito individuado' cuja forma paradigmática, no capitalismo neoliberal, é a do 'empresário de si'. [...] Mas não se trata aí senão de uma das modalidades de ação do capitalismo sobre a subjetividade. À produção do sujeito individuado, acrescenta-se todo um outro tratamento que, ao contrário da sujeição social, procede por dessubjetivação, 'a servidão maquínica'. Na servidão maquínica, o indivíduo não é mais instituído como sujeito (capital humano ou empresário de si). Ao contrário, ele é considerado como uma peça, como uma engrenagem, como um componente do agenciamento 'empresa', do agenciamento 'sistema financeiro', do agenciamento mídia, do agenciamento 'Estado Providência' e seus 'equipamentos coletivos de subjetivação' (escola, hospital, museu, teatro, televisão, internet, etc.). O indivíduo 'funciona' e é submetido ao agenciamento do mesmo modo que as peças de máquinas técnicas, que os procedimentos organizacionais, que os sistemas de signos, etc" (LAZZARATO, 2010, p. 168).

mas os problemas mentais não estão localizados nele na maioria das vezes. Da mesma maneira, aqueles que pretendem reduzir o amor a mera química, esquecem que, para que essa reação seja produzida, é imprescindível um detonador subjetivo. Nessa linha, entendemos que a maior ou a menor concentração de um sujeito pode se dever a problemas objetivos com seu ambiente. Como assinala Rose – ao se referir ao trabalho levado a cabo pela comissão criada para investigar o futuro da psiquiatria (BHUGRA; PATAHRE; TASMAN, 2017) –, não se pode desconsiderar os fatores sociais de risco no desenvolvimento de transtornos psiquiátricos (ROSE, 2019, p. 177).

A partir desse ponto de vista, é paradoxal o uso já costumeiro de medicação para combater, sem qualquer êxito – salvo se a estupefação puder ser considerada uma vitória[58] –, problemas de índole social, como a dificuldade para obter emprego. Tal se dá tanto com jovens quanto com pessoas de mais idade cujos níveis de angústia diante da possível perda do trabalho as levam a aceitar jornadas delirantes e situações de pura escravidão. Para quem acha que estamos exagerando, basta recordar o trabalho dos entregadores de aplicativos em todo o mundo, considerados, no que não pode ser mais do que um insulto à inteligência, como "trabalhadores autônomos". Eles percorrem de bicicleta ou de moto as ruas das grandes cidades com jornadas maratonianas de muito mais de 12 horas pela mísera quantia de cerca de R$8,00 a R$12,00 por viagem, o que mal lhes permite pagar a própria alimentação. Será que a solução para essa situação está em um comprimido contra a ansiedade? Da

---

[58] Eli Pariser afirma, em sua obra *The filter bubble*, que os usuários de substâncias receitadas para tratar o TDAH dizem se sentir presos em um "hiperfoco" – efeito que lembra a ação do filtro-bolha que ele investiga, ou seja, aquele gerado pela *internet* para isolar o sujeito mediante os *inputs* que ele recebe da rede –, destacando ainda o receio revelado pela diretora do Centro de Neurociência Cognitiva da Universidade da Pennsylvania, para quem estaríamos "educando uma geração de contadores muito concentrados" (PARISER, 2017, p. 97).

mesma maneira, pais e mães que não têm tempo para conviver com seus filhos e a duras penas conseguem pagar por uma péssima habitação e uma alimentação ainda pior, só receberão da sociedade nootrópica um diagnóstico de depressão e uma droga qualquer – que no caso do Brasil costuma ser das mais baratas, a exemplo da cachaça – que lhes permitirá permanecer ativos enquanto seus corpos ainda conseguirem resistir[59]. Na hipótese de, em razão da dureza e da precariedade laboral, eles mudarem constantemente de trabalho, no Brasil esses pais serão tidos como vagabundos e abandonados para morrer, já que aqui vale o lema "empreenda ou morra", que pode ser traduzido filosoficamente como "nootropia ou necropolítica". Na Europa

---

[59] Nesse sentido, em 19 de junho de 2019, *The Lancet* alertava sobre o risco desse tipo de diagnóstico e os interesses que desperta nas indústrias farmacêuticas, por estar ligado à "carga econômica" imposta ao Estado. Apesar disso, a aceitação desses diagnósticos é não apenas inquestionável para a maioria dos especialistas psi, mas também para a população leiga. Quem quer que negue a "objetividade" de tais diagnósticos, tal como ocorre no caso do TDAH, corre o risco de ser chamado de estúpido, a exemplo do que se dá no conto de Andersen chamado *A roupa nova do imperador*. Contudo, pode-se ler o seguinte na citada edição de *The Lancet*: "Em primeiro lugar, as estimativas atuais devem ser questionadas porque aceitá-las pode resultar na alocação inadequada de recursos escassos. Dados epidemiológicos metodologicamente rigorosos sugerem, por exemplo, que as estimativas de depressão não são confiáveis e provavelmente são exageradas. Brhlikova e colegas identificaram fontes de dados primárias e secundárias usadas nas estimativas da carga global da depressão e avaliaram essas fontes em termos de completude e representatividade (*e.g.*, se foram coletadas em uma população nacionalmente representativa). Os autores encontraram falhas significativas no projeto de pesquisa e desconformidade com os critérios de inclusão para as estimativas de depressão, concluindo que a 'aplicação acrítica dessas estimativas à formulação de políticas de saúde internacionais pode desviar recursos escassos de outras prioridades da saúde pública'. A contínua ênfase na carga econômica das doenças solidifica a saúde mental global dentro de um modelo biomédico que pode ser cooptado por interesses comerciais".

esses mesmos pais possivelmente receberão um diagnóstico de TDAH e alguns comprimidos para "resolver" seus problemas, tudo em detrimento de soluções reais que deveriam passar, tanto aqui quanto lá, pela luta política revolucionária.

Antes mesmo de Giurgea nos convidar ao melhoramento cerebral, um tipo de urgência surgida no pós-guerra estabeleceu as bases para que essa suposta necessidade fosse gradativamente aceita, gerando hoje o projeto quase inquestionável de medicalização da infância. Segundo o historiador da ciência Matthew Smith, o motivo para tanto era então muito claro e atendia pelo nome de "pânico pós-Sputnik":

> Durante a Segunda Guerra Mundial, dois milhões de pessoas foram rejeitadas pelo serviço militar estadunidense por razões psiquiátricas, levantando o espectro de que a doença mental era comum na população americana. Embora essa percepção tenha dado um impulso à psiquiatria americana, particularmente aos psicanalistas, também demonstrou como as exigências da guerra poderiam moldar não apenas a economia, a política e a ciência, mas também transformar as ideias sobre quais características pessoais e comportamentais os jovens americanos deveriam incorporar para se tornarem cidadãos produtivos. Essas expectativas só aumentaram durante a Guerra Fria, quando a rivalidade entre os EUA e a União Soviética se espalhou dos campos de batalha do Terceiro Mundo para as Olimpíadas, o espaço sideral e as salas de aula, infiltrando-se em incontáveis aspectos da vida americana como resultado. [...] Foi nesse clima político, marinado nas trevas da Guerra Fria e na sombra da aniquilação nuclear, que surgiu a hiperatividade. À medida que a União Soviética desenvolvia bombas de hidrogênio e lançava os primeiros satélites e humanos no espaço, muitos americanos influentes se convenceram de que os Estados Unidos estavam perdendo a "corrida dos cérebros". [...] Como argumentou Palmer Hoyt, editor do *Denver Post*, "o conjunto russo de cérebros tecnologicamente qualificados agora totaliza 2.700.000 e os EUA precisam renovar seu sistema educacional para alcançá-los" (SMITH, 2012, pp. 54-55).

As palavras de Smith ilustram a complexa relação surgida a partir dos anos 1950 entre a produção econômica e a escola vista como lugar por excelência de constante controle, que ao invés de permitir algum tipo de emancipação aos alunos, se sujeita completamente às demandas das empresas e seus métodos produtivos[60]. Nesse sentido, sistemas e práticas supostamente emancipadoras, como aquelas propostas por Freinet ou Reggio Emillia, representam, na verdade, novas dimensões da produção de subjetividades submissas ao poder político-econômico[61]. Trata-se de uma transformação no âmbito educativo, em curso até os dias atuais, segundo a qual um *coach* é melhor do que um professor, sendo preferível um guia e não alguém versado em certo tema. Para que precisamos de professores se tudo se encontra ao nosso alcance na *internet*? É exatamente o que se pergunta um entusiasmado movimento que vê na pura e simples inovação a solução para os problemas docentes. Todavia, a paulatina substituição das aulas presenciais por conteúdos

[60] "[...] assim como a empresa substitui a fábrica, a formação permanente tende a substituir a escola e o controle contínuo substitui o exame. [...] No regime das escolas: as formas de controle contínuo e a ação de formação permanente sobre a escola, o correspondente abandono de toda pesquisa na Universidade, a introdução da 'empresa' em todos os níveis de escolaridade" (DELEUZE, 2003b, p. 243, p. 247).

[61] Enquanto a pobreza aumenta, os que sustentam políticas educacionais de pura inspiração neoliberal, tal como a OCDE, propõem o barateamento da demissão na Espanha diante de um cenário em que se multiplicam os entregadores de aplicativos, se precariza o trabalho dos docentes universitários e do pessoal da saúde e aumentam os índices de desemprego, bem como a dificuldade para encontrar trabalho, entre outros problemas nada superficiais. Enquanto a OCDE continuar a defender um modelo mais preocupado em manter as desigualdades de uma sociedade pedagogizada e não em solucionar as questões econômicas objetivas e valorizar a educação, pensar que pode existir algo como uma educação democrática não passa de piada de mau gosto. Sobre a proposta da OCDE relativa ao barateamento da demissão, cf. <https://www.lavanguardia.com/economia/20190712/463422888092/ocde-empleo-impuestos-combustible-despido-espana.html>. Acesso em: 12 jul. 2019.

acessíveis virtualmente na *internet*, algo que se radicalizou e se tornou normal no mundo inteiro durante a pandemia de COVID-19 e o chamado "ensino remoto" que então se desenvolveu, corresponde a uma confusão interesseira entre informação e conhecimento que, ao transformar os professores em meros guias, objetiva na realidade sucatear a docência para fomentar uma educação acrítica, uniforme e universal que produza uma "desfilosofização" do pensamento. Nesse novo sistema, mercado e escolarização coincidem e seu objetivo último é a privatização de todo o sistema educacional (LAVAL, 2003).

Desde a estatística do século XVII[62], passando pelas matemáticas sociais de Condorcet e chegando aos consultórios de psicopedagogos e outras autoridades psi, percebemos a recusa de se considerar de maneira efetiva os problemas da saúde mental, buscando soluções ilusórias no interior do sujeito ao invés de examinar as relações entre corpo e ambiente. Se estende cada vez mais uma ética psicossomática assimilada pelas redes semióticas que nos rodeiam, as quais prescrevem um modo "autêntico" de se comportar marcado pela bioarztquia e fundado no imperativo da otimização. A ética do cidadão ativo, produtivo e preocupado consigo mesmo se impõe assim como verdade única e última[63].

Nessa perspectiva, a psiquiatria está dando forma a importantes aspectos de nossa vida mediante seus diagnósticos e psicofármacos, os quais se popularizaram tanto que hoje se tornaram uma das principais ferramentas para a solução dos problemas humanos e seu complexo entorno social. O fomen-

---

[62] "[...] o termo 'estatística' deriva da noção alemã do século XVII de uma ciência do Estados, da noção de *Staatenkunde* de Herman Conring e da concepção de *Statistik* de Gottfried Aschenwall" (ROSE, 1999, p. 201).

[63] Trata-se de "[…] uma ética em que a maximização do estilo de vida, do potencial, da saúde e da qualidade de vida se tornou quase obrigatória, e na qual julgamentos negativos são direcionados àqueles que não adotam, por qualquer motivo, posturas ativas, informadas, positivas e prudentes em relação ao futuro" (ROSE, 2007, p. 25).

to de respostas rápidas que substituem o diálogo e a reflexão crítica não pressagia um futuro democrático, mas o autoritário *diktat* da bioarztquia, patologizando-se tanto sujeitos poucos interessados em seu "progresso vital" quanto certas etapas da vida, a exemplo da infância. Ademais, não parece distante a ideia de que em idades mais avançadas será imprescindível uma otimização nootrópica para se permanecer no mercado de trabalho. A profecia que Baudrillard imaginou nos anos 1970 em seus estudos sobre as sociedades de consumo, afirmando que as pessoas acabariam aceitando para se descreverem a mesma linguagem utilizada com os objetos de consumo, já se realizou há muitos anos. Quem nunca ouviu ou até mesmo utilizou a expressão "reciclagem" no contexto laboral? O fato de os sujeitos terem se resignado a utilizar um termo que antes era reservado a embalagens usadas para se referir a si mesmos e a seus entes queridos deveria ser um escândalo.

Como se vê, a interiorização dos imperativos bioárztquicos impõe às sociedades a gramática do melhoramento marcada por políticas individuadoras de feição quantificadora. Só isso pode explicar o fato absurdo de, em muitos casos, serem os próprios pais a exigir o boicote e o silenciamento de especialistas que discutem e criticam as aberrações produzidas no âmbito da psiquiatria infantil[64]. Ao que parece, tanto a desinformação quanto as campanhas publicitárias dirigidas ao pessoal da saúde estão

---

[64] Nos dias 9 e 10 de maio de 2019 ocorreriam as "V Jornadas Sobre Infância e Adolescência" em Málaga. Nada obstante, o evento foi proibido pelo Serviço Andaluz de Saúde em razão do pedido da Associação de Familiares de Pessoas com TDAH. O motivo foi a presença de Marino Pérez Álvarez, catedrático de Psicologia da Universidade de Oviedo, responsável pela conferência de fechamento com o título: "*Para rescatar a los niños del 'fuego amigo' que los diagnostica de trastornos mentales que no tienen: el ejemplo del* TDAH". Dados disponíveis em: <https://www.redaccionmedica.com/secciones/psiquiatria/los-psicologos-denuncian-censura-de-la-administracion-en-una-charla-de-tdah-8041>. Acesso em: 02 jul. 2019. Fatos similares têm sido denunciados por diversos psiquiatras, como se pode conferir em TIMIMI, 2007.

amparadas na negligência e na fé, sem dúvida dois maus conselheiros caso pretendamos nos afastar de formas autoritárias de governo no âmbito sanitário. Nesse sentido, é triste perceber que os mesmos adultos que se perguntam se podem tomar uma taça de vinho a mais em uma festa, nem sequer questionam o fato de um médico receitar a seus filhos anfetaminas como o metilfenidato, que levam ao vício e a uma existência dopada.

Para terminar, voltemos rapidamente ao TDAH. Em 16 de fevereiro de 2017, diversas mídias em todo o mundo noticiaram com estardalhaço uma das supostas descobertas mais importantes sobre o tema, divulgando em letras capitais que "as pessoas com TDAH têm o cérebro diferente". Para tanto, citaram o trabalho de Martine Hoogman e outros oitenta e um autores publicado na revista *The Lancet*[65] e tido como o mais importante estudo sobre o TDAH até então realizado. Deixando de lado o caráter ridículo da manchete supracitada, já que obviamente não existem dois cérebros iguais[66], o espantoso é a verdadeira descoberta, totalmente desconsiderada pela grande mídia. Com efeito, Michael W. Currigan e Robert Whitaker publicaram no periódico *Mad in America* de 15 de abril de 2017 um artigo em que, com base em rigorosas pesquisas, concluíram que a *The Lancet* deveria se retratar em relação à publicação do estudo de Hoogman *et al*[67]. As razões para tanto são muitas[68], mas aqui

---

[65] Referimo-nos ao artigo intitulado "*Subcortical brain volume differences in partcipants with attention deficit hyperactivity disorder in children and adults*". Disponível mediante pagamento em: <https://www.thelancet.com/pdfs/journals/lanpsy/PIIS2215-0366(17)30049-4.pdf >.

[66] "A neurociência mostra que tampouco se pode falar de cérebros atípicos ou algo parecido, mas de neurodiversidade, não anormalidade" (PÉREZ, 2018, p. 221).

[67] O pormenorizado estudo de Michael W. Currigan e Robert Whitaker foi publicado em castelhano em maio de 2017. Disponível em: <https://madinamerica-hispanohablante.org/lancet-psychiatry-debe-retirar-el-estudio-enigma-sobre-el-tdah-michael-w-corrigan-y--robert-whitaker/>.

[68] Marino Pérez comenta os diversos aspectos constantes da certeira

destacamos o que, segundo Currigan e Whitaker, deveria ter sido noticiado pela mídia e que pode ser depreendido da investigação de Hoogman *et al*: "um amplo estudo revela que as crianças com TDAH têm coeficientes de inteligência mais altos". Currigan e Whitaker propuseram essa manchete alternativa não como um tipo de anedota, mas tendo em vista as consequências que de fato derivam do estudo que criticaram.

Ao que parece, o trabalho de Hoogman *et al* está marcado pela má-fé ou pela falta de rigor científico, dado que omite um dado fundamental, eis que as supostas diferenças no volume de certas partes do cérebro de pessoas com TDAH em relação às "normais" se devem a fatores de neurodesenvolvimento derivados da baixa ou inexistente interação com outros sujeitos e também ao uso do metilfenidato, tendo em vista os efeitos deletérios objetivamente demonstrados que essa droga ocasiona em diversas seções cerebrais. Apesar disso, a bioarztquia nootrópica convence os pais acerca da importância dessa medicação que, longe de ser uma solução, faz parte do problema.

Tudo isso comprova um claro paralelismo entre as ciências psi atuais e aquelas, já impugnadas, que sustentavam a existência da drapetomania. De fato, a bioarztquia não tolera nem comportamentos desafiantes frente às autoridades, como aqueles descritos no TOD, nem as distrações normais de uma criança em crescimento, e muito menos eventuais sinais de liberdade e vontade própria que devem ser quimicamente neutralizados. O paradoxo presente na conclusão de Currigan e Whitaker indica que aqueles que se pretende medicar em razão de suas dificuldades de aprendizagem têm na verdade capacidades intelectuais acima da média. De maneira similar, somente os escravos que aceitavam a servidão não eram diagnosticados com a inusitada mania de quererem ser livres. Dos sujeitos nascidos na

---

crítica de Currigan e Whitaker, que vão desde problemas metodológicos básicos até à ocultação de resultados contrários às conclusões a que Hoogman *et al*. pareciam forçosamente querer chegar (cf. PÉREZ, 2018, pp. 51-55).

fábrica da bioarztquia se espera passividade e capacidade para se diluir no trabalho, bem como obediência e desenvolvimento de "competências sociais básicas", sejam elas quais forem. Pensar que desse tipo de subjetivação individuada possam surgir personalidades críticas, deliberativas, reflexivas e adaptadas ao desenvolvimento de regimes democráticos, e não sujeitos submissos que preparam o caminho para formas autoritárias de poder, é um indicativo de quão longe vai a estupidez contemporânea, em um ritmo tão acelerado que chega a dar vertigem.

Qualquer um que decida se opor às exigências consideradas normais pela máquina de produção total da bioarztquia nootrópica que funde trabalho e vida logo será objeto de diagnósticos psiquiátricos. É o que parece prever Nikolas Rose ao comentar os resultados de estudos segundo os quais metade da população europeia sofrerá algum tipo de transtorno mental durante a vida (ROSE, 2019, p. 2). A nootropia, agora disfarçada de "melhoramento cognitivo", abre as portas a um cerebrocentrismo que, à maneira de uma versão atualizada do platonismo, continua buscando na psique a essência que permite ao poder controlar os sujeitos. Mas não somos cérebros; apenas temos cérebros. Eis uma diferença qualitativa da qual jamais devemos nos esquecer.

ἀπρόσωπη
6. impessoal

Antecipando as críticas que certamente lhe seriam dirigidas, Roberto Esposito afirma em seu livro *Terceira pessoa* que o impessoal está fora do horizonte da pessoa, mas que, ainda assim, com ela se relaciona, pois corresponde às linhas de resistência capazes de subvertê-la. Dessa maneira, o impessoal de Esposito diz respeito, em suas palavras, ao "limite móvel" e à "margem crítica" que impede a pessoa de produzir seus típicos efeitos separadores e excludentes. Por isso, conclui o filósofo italiano, não se trata simplesmente de um conceito negativo, como seria o de antipessoa, mas de um extravasamento do dispositivo da pessoa capaz de inverter seu significado prevalecente. Uma filosofia da antipessoa só pode ter por objetivo a destruição da pessoa, como tentou fazer a tanatopolítica racista dos nazistas. Por seu turno, não correspondendo a uma mera oposição à ideia de pessoa, o impessoal pode ser pensado sob a forma da "terceira pessoa", a qual não se confunde com os paradigmas personalizantes da primeira e da segunda pessoas – "eu sou" e "tu és" –, dado que se modaliza segundo um neutro e singular "se" – "se é" –, como perceberam Benveniste e Blanchot, por exemplo.

Contudo, apesar de todo o esforço de Esposito, parece-nos que a ideia de impessoal, ainda que imprescindível, é insuficiente. Na medida em que o impessoal apenas funciona ao tensionar o dispositivo da pessoa, mesmo que da maneira mais crítica possível, ele depende estruturalmente desse dispositivo.

O impessoal não é pensável de maneira autônoma, mas sempre em estreita relação com o dispositivo pessoal, pouco importando qual dos dois – pessoa ou impessoal – surgiu primeiro ou é mais importante. Já indicamos em outro capítulo que julgamos insatisfatória a simples substituição do paradigma da pessoa pelo de impessoal, pois o impessoal corresponde a um conceito negativo atrelado – não apenas ontologicamente, mas vocabular e semanticamente – ao de pessoa. Isso se faz sentir até mesmo no título deste capítulo, que exibe a palavra grega moderna para impessoal, απρόσωπη, cunhada a partir da negação de "pessoa" (πρόσωπο). Ora, os antigos gregos não conheciam a noção filosófica de pessoa e nem a de impessoal. Todavia, para trazer à luz o impessoal, bastou à gramática grega – na qual, como em todas as línguas indo-europeias, há uma sintaxe impessoal (απρόσωπη σύνταξη) – inserir um simples alfa privativo – ou seja, uma negação – diante da palavra utilizada para indicar a pessoa[69]. Nessa perspectiva, o impessoal constitui o secreto substrato que torna possível o girar sem fim da máquina antropológica, que se reveza para ora exibir o rosto da pessoa, ora escondê-lo sob o manto do impessoal. Ademais, se o impessoal constitui apenas um procedimento crítico, uma margem, um desdobramento, tal nada nos diz acerca daquilo que, de fato, pode *depor* a pessoa, *excedendo-a*.

Por isso, mais do que uma dimensão impessoal, precisamos acessar também um pensamento da imanência, compreendendo a realidade não enquanto um aglomerado de seres estáveis e subjetivados, mas como um *continuum* autodiferenciado, móvel, autoconstituinte, potente. Agamben traduziu essa proposta em termos de uma ontologia modal, compreendendo o pensar e o viver não enquanto coisas destacáveis e diferenciáveis

---

[69] É importante frisar, como lembra Agamben, que os gregos conheciam a palavra *aprósopon*, que era reservada para identificar os escravos e significaria algo como "sem rosto"(cf. AGAMBEN, 2021). Evidentemente, utilizamos aqui esse termo em outro sentido, evocando a ideia de impessoal, desconhecida pelos povos antigos.

da realidade – ou seja, *seres* – e sim como *modos* dessa mesma realidade (AGAMBEN, 2014, p. 192-227). Somos modos, configurações do real, pura imanência. A proposta agambeniana é extremamente fértil – bem como, sem dúvida, a de impessoal apresentada por Esposito, desde que superadas suas limitações –, mas ainda não parece capaz de responder à pergunta fundamental, que pode ser formulada de duas maneiras que, no fundo, se equivalem: o que deve ocupar o lugar do impessoal para que ele não seja simplesmente a outra face do pessoal? O que exatamente os modos modalizam?

Em um texto dificilmente suportável para a sensibilidade "laica" da atual filosofia *bien-pensant*, Simone Weil nos oferece uma resposta que, de certa forma, se enlaça com a do ultimíssimo Deleuze. No artigo *A pessoa e o sagrado*, ela afirma que o sagrado no homem não é sua pessoa, muito menos seus direitos. De fato, como já notamos, o direito é da ordem da separação, da quantidade e do comércio. Nele sempre está em jogo uma reivindicação que mantém os seres viventes separados, enfrentados e em constante guerra. Daí porque, junto com o direito, vem a noção de pessoa, igualmente separadora, igualmente mesquinha[70]. Não é à toa que o direito e a pessoa nasceram em Roma, onde ser pessoa significava ser proprietário autorizado a usar e a abusar – em especial, usar e abusar de seres humanos (WEIL, 1957b, p. 25). Ao que parece, hoje em dia o óbvio costuma ser convenientemente esquecido. Um bom exemplo se radica na impossibilidade de um "direito de todos" que, apesar de evidente, quase nunca é discutida. Se há direito, é porque há uma separação entre "nós" e os "outros". Tal deriva não só da

---

[70] "A noção de direito está ligada à de partilha, de troca, de quantidade. Há algo comercial nela. Ela evoca por si mesma o processo, a súplica. O direito somente se sustenta em um tom de reivindicação; e quando esse tom é adotado, significa que a força não está muito longe, atrás dele, para confirmá-lo, pois sem isso ele seria ridículo. [...] Por seu turno, a noção de direito envolve naturalmente, pelo próprio fato de sua mediocridade, a de pessoa. Eis o seu nível" (WEIL, 1957b, p. 23 e p. 27).

estrutura lógica exclusivo-inclusiva do direito, mas também de suas diversas concretizações históricas[71].

O impessoal é estranho ao direito. Todavia, afirmar apenas isso significaria permanecer no plano de uma definição negativa. Weil vai além e nos diz que o impessoal corresponde àquela dimensão anônima e perfeita que não se conjuga mediante um "eu" ou um "nós", pois não é individual nem social. A impessoalidade surge no silêncio quando a verdadeira questão da justiça se impõe. Esta não diz respeito a uma repartição, como a que nasce no espírito de um menino guloso que se pergunta consternado porque seu irmão recebeu uma fatia de bolo maior do que a sua. Para Simone Weil, o horizonte da justiça se revela quando, diante do sofrimento causado pelo *outro*, nos perguntamos internamente, sem qualquer força ou lei que possa nos vingar ou proteger: "por que me fazes mal?" (WEIL, 1957b, pp. 13-17). Um questionamento assim pode ser feito por qualquer um – herói, facínora ou medíocre – porque não tem a ver com as características, disposições, virtudes e vícios de uma pessoa, referindo-se antes a uma experiência completamente imanente que *sente*. E só isso. Sente como corpo vivo distante da linguagem argumentadora e reivindicativa. Superando os exaltados arroubos cristãos e quase cátaros de Weil, podemos ler com proveito sua proposta e perceber que o que ela chama de impessoal é a vida

---

[71] "Mas o direito é um dispositivo imunitário também porque, ainda que queira ser inclusivo ao máximo, pressupõe necessariamente a possibilidade de exclusão. Um direito comum, realmente de todos, não seria, em sentido próprio, direito. Para que aqueles que dele gozam possam percebê-lo enquanto tal – como direito e não como dado de fato –, devem de alguma maneira pressupor alguém que possa dele não gozar. No plano lógico, só a exclusão, real ou possível, dá sentido à inclusão. [...] Isso explica por que, ainda que haja esforços para tanto, é bastante complicado identificar ou até mesmo prefigurar um 'direito comum'. Porque ou há direito, vale dizer, um conjunto de prerrogativas de alguns em confronto com outros, ou há comum, ou seja, algo destrutivo de qualquer prerrogativa particular" (ESPOSITO, 2021, pp. 143-144).

mesma e nada mais. O simples fato da vida. O simples fato da potência que põe a si mesma. Em suas palavras:

> Há dentro de cada homem algo sagrado. Mas não é sua pessoa. Também não é a pessoa humana. É ele, este homem, simplesmente. [...] Há desde a mais tenra infância até à sepultura, no fundo do coração de todo ser humano, alguma coisa que, apesar de toda a experiência dos crimes cometidos, sofridos e observados, espera invencivelmente que lhe façamos o bem e não o mal. É isso que, acima de tudo, é sagrado em todo ser humano. [...] O que é sagrado, longe de ser a pessoa, é o que, dentro de um ser humano, é impessoal. Tudo que é impessoal no homem é sagrado, e somente isso (WEIL, 1957b, p. 11, p. 13 e p. 16).

Nesse sentido, o pensamento de Simone Weil coincide com um difícil esboço de juventude de Walter Benjamin (2003), em que ele afirma que, por estar presa à ordem do tempo, do espaço e da finitude, toda propriedade é injusta. Justo é apenas um bem que não pode ser objeto de propriedade e que, por isso mesmo, é um bem por meio do qual todos os demais bens se tornam inapropriáveis. Pode-se então chegar ao bem-do-bem, uma dimensão evidentemente impessoal e estranha ao direito que conhecemos. De maneira muito similar a Weil, Benjamin conclui que a justiça não pode ser exigida, dado que ela constitui o estado do mundo, ou seja, algo incindível e que jamais coincide com bens particulares, apontando antes para a imanência do mundo de Deus que está aqui e agora.

Simone Weil experimenta toda a dificuldade que pesa sobre a definição desse sagrado impessoal ao tentar se aproximar de seu *nome* com expressões como "alguma coisa" ("*quelque chose*"), "isso" ("*cela*") e outros termos indefinidos que, ao fim, desaguam na simplicidade da expressão "este homem" ("*cet homme*"), desaguam na vida em si e por si, em suas margens indefinidas. Do mesmo modo que a vida, a potência sempre excede toda definição, daí porque somente podemos nos aproximar dela por meio de constantes tentativas. Em uma vida impessoal, o que está em jogo é o próprio processo da imanência e suas múltiplas aberturas, como fica claro no último artigo que Gilles Deleuze escreveu antes de sua morte.

Em *A imanência: uma vida...*, Deleuze nos conta brevemente o caso de Roger "Rogue" Riderhood, personagem de *Nosso amigo em comum*, último romance completo de Charles Dickens (1998), publicado em livro no ano de 1865. Riderhood é um rematado canalha e todos que o conhecem o odeiam. Entretanto, quando depois de um afogamento Riderhood está desacordado e prestes a morrer, todos passam a cuidar dele, compadecidos não de sua personalidade mesquinha, apagada no coma, mas daquela vida singular que partia e lutava para sobreviver, à qual seus salvadores dedicam então amor e cuidados. Contudo, logo que Riderhood recobra os sentidos e se revela o canalha de sempre, os que dele se ocupavam voltam a desprezá-lo. Deleuze entende que aparece aqui a figura do *homo tantum*, ou seja, a do humano enquanto humano, só humano, só a singularidade irrepetível de *uma vida*, sem qualquer traço pessoal, subjetivo ou objetivo (DELEUZE, 2003a). Entre a vida e a morte, Riderhood alcança a dimensão potencial do evento e se aproxima da beatitude, de uma impessoalidade neutra que está para além do bem e do mal, já que o bem e o mal se ligam ao sujeito e à pessoa, nunca à vida enquanto tal. Esta, segundo Weil, só pode ser sagrada.

Aqui caberia retomar a questão que abre este capítulo e perguntar, para além da brilhante interpretação de Deleuze, *o que exatamente* se amava em Riderhood quando ele estava desacordado e sua pessoa, por assim dizer, se ausentava? Segundo entendemos, o amável no canalha de Dickens não é sua impessoalidade nem o fato de ser uma vida singular. Amável nele e em todo ser humano é a potência de ser o que não se é, a potência de se tornar o que Riderhood não é em ato, ou seja, um canalha. Amável é somente a potência-de-não-ser-Riderhood, a potência de ser um outro, a potência que desativa o ato e, superando-o, se abre à pura imanência.

142

Poderíamos perguntar ainda: por que os salvadores de Riderhood amam justamente o seu silêncio, a sua ausência *enquanto* Riderhood, o apagamento de seu pensamento? No humano, o impessoal constitui a potência que suspende o ser para além da autoria de si mesmo, apontando para um horizonte de pura contiguidade, pura participação, puro pensamento. Tal se manifesta nos fenômenos mais quotidianos, mas por isso mesmo mais inexplicáveis, como a escrita e a autoria. Essas situações nos parecem ser algumas das mais pessoais e íntimas que podemos experimentar. Contudo, se a escrita e a autoria são pessoais, se são nossas manifestações mais características, como explicar o fato de que permanecem existindo e ressoando após a morte, o esquecimento ou a simples mudança de opinião daqueles que as trouxeram ao mundo?

Ainda mais do que a escrita e a autoria, os pensamentos que aparentemente se desenvolvem no interior dos nossos cérebros – e as linguagens com as quais podemos exprimi-los de certa maneira – dão testemunho dessa dimensão incapturável e inapropriável que possibilita, por exemplo, que hoje discutamos as ideias dos ilustres defuntos Simone Weil e Gilles Deleuze. Para além do estilo, dos maneirismos e dos silêncios típicos de cada autor, o que é *isso* que permanece e possibilita a participação em seus pensamentos? O que é *isso* que, mesmo depois da morte de um ser humano, o mantém vivo enquanto *dictum* memorável e transmissível, inclusive sob a forma escrita? O que é *isso* que sobrevive a toda carne individuada, a todo específico desejo egoísta de expressão, e compõe *um* texto como se fosse *uma* vida[72]?

O pensamento é comum e não pertence a ninguém, a nenhum sujeito, a nenhuma pessoa. É essa sua radical impessoalidade vivente – só pode haver pensamento se há vida atual ou potencial – que possibilita sua transmissibilidade e sua *comuni-*

---

[72] Tais perguntas foram desenvolvidas de maneira intensa no debate medieval entre os averroístas e, de outro lado, Tomás de Aquino e seu professor Alberto Magno. Cf. Aquino, 2016

dade. A potência está em tudo que vive; nos humanos, ela assume a forma impessoal do pensamento, o que não significa que seja superior aos modos potenciais dos animais ou das plantas, mas apenas diferente. Como bem se expressa Emanuele Coccia em seu denso estudo sobre Ibn Rushd, pensamento é aquilo que não é inteiramente nosso, é a subversão do vaidoso *"Ich denke"* ("eu penso") por um *"es denkt"* ("pensa-se").

Somente se o pensamento for comum pode haver transmissão, tradição e ensino. Os seres pensantes não são o "quem" do pensamento, mas o seu "quando", "onde" e "como" (COCCIA, 2008, p. 100). Da mesma maneira que o corpo humano é o lugar da potência, ele também é o lugar do pensamento. Um pensamento é, se de pensamento se trata, pura pensabilidade, potência de pensar que pode se revelar em qualquer ser humano. Mas o que dizer do bebê, do louco e daqueles que, por uma razão ou outra, não pensam? Estariam excluídos da humanidade?

O bebê, o louco e quaisquer outros humanos que não pensam – ou ao menos não pensam como nós – são, na realidade, a prova mais cabal do caráter *comum* do pensamento, do fato de ele não poder ser apropriado por ninguém, de não poder ser adjudicado a uma pessoa, a um sujeito, a um "eu". Não é por pensar que certo ser se torna humano; ao contrário, o humano é humano independentemente de pensar. Humanos são os bebês e os loucos[73]. O que torna o humano autenticamente huma-

---

[73] "Se é o fato de ainda não pensarmos o que nos ensina o que realmente significa pensar, é o não pensamento específico da infância que nos permite compreender a natureza do pensamento. O pensamento não é fato humano: esta é a experiência fundamental que a descoberta da infância da humanidade nos permite realizar sobre a natureza do intelecto. [...] A potência que o infante experimenta é menos a manifestação de uma faculdade própria (a habilidade de criar ideias e pensamentos) do que o estado em que o pensamento e o pensável passam a existir diante de todo homem. Na verdade, os homens não são homens porque *ainda* não pensam, mas porque o ser do pensamento se dá em relação a cada um deles sob a forma de uma potência absoluta, capaz de se tornar qualquer pensamento em ato, sem ser,

no é uma privação, uma falta: a impossibilidade de se pessoalizar enquanto pensamento, o não ter a propriedade do "próprio" pensamento. Este, na verdade, nunca é próprio, mas sempre comum. Todo ser humano, pensando ou não, está diante da incomensurabilidade do fato de que "há pensamento". E ele não é apropriável. Assim, quem pensa atualiza uma potencialidade; quem não pensa, a exemplo do bebê recém-nascido, experimenta uma potência de vir a pensar; mesmo quem já não pensa ou nunca pensou, sendo humano, vive ao redor do pensamento que, não podendo ser acessado, ainda assim constitui o meio próprio em que se está abandonado na condição humana.

Se pensamento e humanidade fossem coextensivos, de maneira que somente quem continuamente pensasse fosse humano, não se explicaria o erro, a estupidez, o sono, a loucura, etc. Tais fenômenos, mais do que simples negações do suposto caráter racional da nossa espécie, são as fraturas necessárias que expõem a autonomia do pensamento diante dos humanos, que podem eventualmente acessá-lo, mas nunca aferrá-lo em si mesmos enquanto característica constitutiva ou específica natureza. Poder pensar e assim ser infante estudioso – ou seja, que não *possui* nenhum conhecimento, mas dele sempre se aproxima, dele sempre *faz uso* –, eis o que significa ser humano (COCCIA, 2008, pp. 142-143). Mais uma vez, o poder-o-não – a privação – se mostra decisivo na medida em que o humano não é tanto o ser que pensa e é racional, e sim o vivente que *pode não pensar*, que não é unicamente pensamento nem razão e que, portanto, não está destinado a nada e nem tem qualquer fim necessário a cumprir. Poder-não-pensar constitui-se como

---

não obstante, atualmente nenhum. Na infância, o homem não encara este ou aquele pensamento nem a possibilidade determinada de um pensamento, mas experimenta algo que existe à sua frente e que não tem outra determinação senão poder ser pensado. A infância é a contemplação estupefata da pura matéria da pensabilidade" (COCCIA, 2008, pp. 140-141).

uma fraca força que nos liberta da culpa destinal e nos permite contemplar, paradoxalmente, a potência do pensamento.

Caso humanidade e pensamento coincidissem sem fissuras, não haveria nem humanidade – que é aquilo que pode pensar, mas sobretudo não pensar – nem pensamento – que é aquilo que pode não ser atualizado –, mas um monstruoso *dever*: o dever de sempre estar pensando, fundindo assim ato e potência e impedindo qualquer ritmo ou vibração do ser. Não é na categoria personalista do *dever* ("eu devo"), que até hoje monopolizou o terreno da ética e do direito, mas na categoria modal e impessoal do *poder* ("pode-se") que está a chave para redimir a humanidade, levando-a a enxergar a si mesma ao contemplar sua inoperosidade, sua possibilidade de *não*. É no poder-o-não, na des/obra e na inoperosidade que está a nossa verdadeira morada.

Mais importante do que encontrar exemplos capciosos de homens e mulheres que não pensam – o comatoso, o afásico etc. –, lançando mão de um irritante capricho típico de advogados, sempre ansiosos por destruir teses ontológicas mediante a exibição de exceções "reais" e "empíricas", o que verdadeiramente interessa aqui é compreender o *status* inapropriável e transubjetivo do pensamento que, por essa exata razão, não define o humano. O pensamento está para além do vivente humano e não o caracteriza. Pode haver humanos sem pensamento, do mesmo modo que é perfeitamente factível haver pensamento sem vida humana, tal como talvez nos seja provado um dia pelas inteligências artificiais, pelos alienígenas ou pela insuspeita evolução de outra espécie, hominídea ou não. Aqui caberia profanar um célebre dito de Hegel, para quem o ser humano corresponde ao momento em que a natureza pensa a si mesma. Sim, concordamos, mas acrescentando que isso não corresponde a um ato, finalidade ou ponto de chegada, mas a certa configuração passageira, precária e sempre mutável: o ser humano é a natureza *pensando* a si própria. O pensamento articula uma potencialidade vivente que ultrapassa a mera existência humana. Eis porque os salvadores de Riderhood amaram o seu corpo em luta pela vida, ainda que nele não houvesse pensamento – aliás, precisamente porque nele não havia pensamento; pelo menos não pensamento pessoal.

O que morre com o sujeito, explica Coccia, é a dimensão pessoal de seu pensamento. Se enquanto estamos vivos nosso pensamento se constitui enquanto uma singular mescla de pessoal e impessoal, quando morremos legamos ao mundo não nossas recordações ou nosso "eu", mas aquilo que, sendo exprimível enquanto potência, pode ser ensinado, transmitido e comunicado e assim integrar uma tradição. Somente porque os sujeitos morrem deixando pensamentos impessoais dos quais podemos participar é que há tradição, é por isso que há história da filosofia, da literatura, da ciência, etc[74]. Os filósofos antigos se perguntavam por que não são transmitidas, nos pensamentos que nos sobrevivem, as nossas lembranças. Tal se dá, segundo entende-

---

[74] "Toda tradição encontra sua condição de possibilidade na morte do sujeito cognoscente: é a constituição do pensamento como aquilo que resta depois da morte de quem nele pronunciou seu *cogito* que define imediatamente sua necessidade de tradição. É o fato de o sujeito não sobreviver a seus pensamentos o que define a tradição como uma exigência específica de todo saber e de todo pensamento. Ela é, com efeito, o único modo que lhes permite existir e se manter no seio da humanidade. Por outro lado, todo pensamento só pode ser transmitido porque pode ser ensinado. Ou seja, a 'tradibilidade' do pensamento e de todo saber coincide com sua possibilidade de ser ensinado. [...] Daí porque é difícil ensinar: restituir possibilidade ao pensamento, forçar o saber a mudar de estado, a se transformar em uma possibilidade que não simplesmente nos pertença, mas que exista independentemente (e como possibilidade de ser pensado) de nossa existência. Nesse sentido, ensinar – e escrever, já que toda escrita coincide com esse movimento – significa morrer para os próprios pensamentos. Nesse movimento particular, a morte do sujeito e o ensino coincidem paradoxalmente. Ensinar (assim como escrever) significa morrer para o próprio pensamento, e morrer sempre significa restituir aos próprios saberes o caráter de 'tradibilidade' e desse modo constituí-los como possibilidade de ser pensados independentemente de todo sujeito pensante e cognoscente" (COCCIA, 2008, pp. 95-96 e pp. 99-100).

mos, porque a recordação é sempre ato, algo já feito, sempre um *per-fectum* que está no passado. Só é potencial e, portanto, abertura ao *outro*, o que em nosso pensamento não morre e pode ser transmitido devido à sua impessoalidade. Caso se transmitisse algo pessoal após o fim do sujeito, toda tradição não seria mais do que mera cópia (COCCIA, 2008, p. 103). Mas é exatamente por se transmitir o impessoal que um pensamento pode ser transformado, continuado, modificado, profanado. E isso porque, segundo Deleuze, são os organismos que morrem, não a vida. Ela sempre permanece viva como dimensão impessoal nas obras criadas por aqueles que já se foram[75].

Nesse contexto, frisamos que o sentido da palavra "transmissão" que aqui utilizamos é bem específico, não se tratando da operação típica da pedagogia tradicional criticada por Jacques Rancière em *O mestre ignorante*. Nesse livro ele afirma que nenhum professor de fato ensina, como se fosse proprietário de um saber a ser transmitido mecanicamente a alunos passivos. Estamos de acordo com Rancière quando ele postula a igualdade das inteligências e a ideia de que só se aprende autonomamente, sem a necessidade de explicadores de conteúdos, de modo que todo conhecimento é autoconhecimento (RANCIÈRE, 1987). Por isso, transmite-se não um pensamento – como se um bloco de saber pudesse ser extraído de uma vida ou de um cérebro e enxertado em outra vida ou em outro cérebro – mas uma potencialidade, uma abertura. Transmite-se a possibilidade de participação na potência impessoal do pensamento. É o que faz o verdadeiro professor, o livro, o estudo. Não há uma troca mecânica de conteúdos entre os seres pensantes, pois se assim fosse as ideias não poderiam ser modificadas, criticadas ou inovadas; seriam simplesmente recebidas e repetidas. Dife-

---

[75] "É o poder de uma vida não orgânica, que pode ser encontrada em uma linha de desenho, de escrita ou de música. São os organismos que morrem, não a vida. Não há obra que não indique uma saída à vida, que não trace um caminho entre os paralelepípedos" (DELEUZE, 2003c, p. 20).

rentemente, o que se dá é uma abertura orgânica à dimensão impessoal que possibilita todos os conteúdos e todas as ideias, as antecede e as custodia. Ibn Rushd deu a essa dimensão o nome de *intelecto material*. Preferimos chamá-la de *potência impessoal do pensamento*.

A dignidade do canalha e de todo ser vivo não está em seu pensamento, mas na potência – que é vida – impessoal do pensamento que se abre diante dele, pense ele ou não. E se no ser humano essa potência se atualiza, se transformando em poesia, arte, literatura, música, ciência, técnica, filosofia e linguagem, nada disso deveria nos envaidecer, pois não são coisas nossas; são apenas empréstimos que tomamos da potência e que jamais conseguiremos arrastar conosco para o abismo da personalidade e do sujeito. Se o ser humano pode pensar, não se trata de um motivo para justificar qualquer domínio ou pretensão de superioridade em relação aos demais viventes. Estes, como os humanos, estão diante do mistério do pensamento vivo. O fato de aparentemente só alguns de nós poderem atualizar a potência do pensamento não deve nos deixar esquecer que, sendo impessoal, comum e inapropriável, o pensamento serve para agregar e mesclar, não para separar e dominar.

ἀργός

7. des/obra

O que é um autor? Uma tentativa sempre renovada de *sujeitar* o pensamento. E aqui devemos compreender a palavra *sujeitar* como *subjetivar* e *assujeitar*. Se o pensamento é comum e não pertence a ninguém, se ele corresponde, nos seres pensantes, à potência em expansão, o autor constitui a jaula de carne e osso do ato que aprisiona a potência sob a forma de um sujeito criador. Assim, dizemos que uma ideia é kantiana, kafkiana ou kubrickiana, como se os sujeitos Immanuel Kant, Franz Kafka ou Stanley Kubrick fossem os donos de uma porção de pensamento filosófico, literário ou cinematográfico que, por mais que possa ser imitado, reverenciado, continuado ou criticado, os caracterizaria enquanto *proprietários* de *obras*.

Ao contrário da otimista previsão de Foucault, o autor não morreu[76]. Não há nenhuma dissolução ou sumiço do autor, que hoje, no mundo dos atos per-feitos, está mais vivo do que nunca. Excedendo os nomes que ocupam as vitrines das livrarias, autor é todo aquele que atua, que personifica, que veste a máscara da *persona*. Autor é quem atualiza, quem nega a potência para dela se apropriar, seja sob a forma de um livro, uma ação

---

[76] Referimo-nos à famosa conferência de Foucault na *Société Française de Philosophie* em 22 de fevereiro de 1969, quando ele discutiu a suposta morte do autor com Maurice de Gandillac, Jacques Lacan, Lucien Goldmann e outros *autores*. Cf. FOUCAULT, 2001e.

judicial ou um filho. Nessa perspectiva, *auctor* parece se confundir com *actualitas*. E se a etimologia que liga *auctor* a *actualitas* – esse curioso termo cunhado por Duns Scotus – *pode* ser meramente imaginária, é imediata e incontestável a recíproca derivação e reforço que há entre *auctor* e *auctoritas*. O autor corresponde à causa inicial, da mesma maneira que a autoridade encarna o direito de exigir obediência. Eis porque os antigos se referiam orgulhosamente aos "autores" de suas cidades. Cécrope e Rômulo, mais do que fundadores de Atenas e Roma, são seus respectivos inventores e, portanto, seus máximos senhores, seus primeiros reis.

A comunidade humana continuamente se dá autoria. Plantas e animais, diferentemente, não são autores de nada. Mais do que na pobreza de mundo, eles estão no não-separado, no todo inarticulado da potência do mundo. Ao contrário do que parece, a potência se esconde em dimensões muito menos humanas do que imaginamos, ali onde já não se conjuga a gramática da propriedade e o ato está sempre ameaçado pela feliz anarquia do *sendo*, esse mar revolto do ser do qual, por uns segundos, somos ondas passageiras, esse mesmo mar que, segundo Bataille (1985, p. 15), está continuamente a masturbar-se. "Natureza ama esconder-se": "Φύσις χρύπτεσθαι φιλεί" (HERÁCLITO, frg. 123 [DIELS-KRANZ, 1951]). Animais e plantas não são autores porque podem-o-não da autoria, podem se ausentar da obra e assim deixar de produzir a si mesmos enquanto coisas separadas do mundo. O autor Heidegger, claro, não concordaria, e veria neles apenas pobreza de mundo. Mas ele pensa assim porque é um autor. E nada mais.

Conforme argumentou Emanuele Coccia em sua reconstrução do averroísmo – extravagante doutrina sem textos, autores e marcos temporais concretos e seguros –, o trabalho da historiografia consiste exatamente em separar o pensamento de sua dimensão comum e atribuí-lo, com um gesto que poderíamos chamar de *sujeitante*, a uma unidade corporal materialmente limitada, se não por fatos e anedotas específicas, ao menos por seu início e fim, suas datas de nascimento e morte, ainda que aproximadas, como no caso de Ibn Rushd. Daí porque a historiografia se revela como um poderoso dispositivo produtor de autores. Ela sempre reclama seus direitos, pois todo direito se resume, no fundo, a um direito autoral; todo direito separa o "teu" do "meu", traça a linha de fogo que diferencia o anônimo e o proprietário. Este, antes de tudo, é proprietário de si mesmo, de "seu" pensamento. Ser seu próprio autor significa ser titular de um direito autoral sobre sua específica existência, quer dizer, ser titular de algo que pode ser exigido, já que plenamente inserível na lógica mesquinha do mercador e do direito.

Todavia, como vimos, a estratégia atributiva do direito só funciona na dimensão do ato, a qual, para a maioria da humanidade, constitui a única realidade. O que tentamos fazer neste livro é bem diferente. Trata-se de pensar *na* potência, quer dizer, pensar tanto *a partir* da potência quanto *sendo, estando* na potência. E a potência nos revela que um corpo não se resume a uma unidade psicossomática autolimitante que separa o interior do exterior, da mesma maneira que o pensamento não é algo que possa ser circunscrito e sujeitado a um corpo. Sendo inapropriável e, portanto, compartilhável, o pensamento não se limita à simples inserção em uma linha espaço-temporal sob a forma de um *nomen* ou de um direito. Para a potência, o dispositivo da autoria não faz sentido, sendo absurdo cogitar sobre a "autoria do pensamento".

Quando o dispositivo autoral se impõe sobre o pensamento, surge a obra. Trata-se do resultado extremo da máquina subjetivante-pessoal que funciona para separar e atribuir, hierarquizar – homens de obra são homens de gênio, diferentes dos demais, que apenas "vegetam" – e incluir exceptivamente os seres viventes em uma história linear do progresso, em uma *rerum gestarum* na qual as transformações que a humanidade experimenta são entendidas enquanto atos heroicos e isolados de indivíduos excepcionais, como se eles não precisassem de nenhuma comunidade para criar suas obras, que nascem assim

153

reificadas e alienadas. A obra representa o fruto maduro do dispositivo biocrático que desde sempre separa os humanos entre si e em relação aos demais viventes. Assim, se quisermos experimentar outras potencialidades – políticas, econômicas, estéticas, jurídicas, filosóficas, vitais –, precisamos desativar a obra.

Nessa perspectiva, o averroísmo interpretado por Coccia pode ser de grande ajuda. Enquanto doutrina sem face, sem nome – hoje a grande maioria dos estudiosos afirma que Ibn Rushd não era averroísta – e sem lugar preciso na história do pensamento – existiu realmente o averroísmo ou ele é apenas o resultado de mal-entendidos e de teses insensatas criadas por seus detratores? –, esse problemático corpo de ideias volta-se decididamente para a desativação da obra. Tal pode se dar mediante estratégias que vão desde a valorização do comentário e da interrogação até à compreensão do que é, de fato, o ensino, passando ainda pelo desenvolvimento de uma análise onírico-crítica de um pensamento que, mesmo que não exista "realmente", está na potência, é potente.

Valorizar o comentário e não a obra equivale, de certa forma, a apagar o autor que brilha em seu centro. Ademais, é o comentário que dá vida a um texto canonizado que já morreu e, tendo se tornado ato, passou a ser objeto da tradição. O comentário historiciza o texto de maneira intensa, pois suspende o que nele foi vivência particular de um sujeito e de um tempo específico, desativa o que foi gerado e solidificado para atingir não uma ultra-história – ou seja, uma história para além da história ou uma história anterior a toda história –, mas o tempo-de-agora, o *Jetztzeit* em que está o comentador.

Outra estratégia para desativar a obra consiste em preferir a expressão interrogativa ao invés daquelas afirmativas e negativas. Nas afirmações e nas negações já se encontra o ato todo e perfeito, sem qualquer possibilidade de variação. Somente na interrogação a potência se mantém em sua potencialidade, em sua indecidibilidade constitutiva, que pode sempre se declinar como "sim" ou como "não", que pode sempre ser diferente de si mesma. Lembremo-nos aqui do fascinante gato de Schröndiger.

Além disso, os fantasmáticos "autores" averroístas perceberam que, quando se ensina e se aprende, está em jogo uma dimensão do pensamento que se abre, se doa, se transpassa enquanto potência participante de vários corpos. Um professor que se julgasse dono de suas ideias seria incapaz de ensinar e, na verdade, sequer poderia ser professor. Diferentemente do autor, professor é quem professa, quem diz algo que o excede e que, portanto, crê – ainda que de maneira inconsciente – na comunidade que possibilita não apenas abrir a voz ao infante, inserindo-o no mundo inapropriável da linguagem e do pensamento, mas também (des)constituir a si próprio enquanto eterna criança carente da palavra exata[77].

Alguns dos mais importantes e desafiadores "autores" do nosso tempo são sem-obra, por mais que seus nomes apareçam em seus livros, filmes, pinturas, etc. Jorge Luis Borges, mundialmente celebrado como um dos maiores escritores da língua castelhana, era na verdade um *outro*. Ele próprio o admitia sem cessar. Suas estratégias de despersonalização e des/obra eram a criação de heterônimos – sozinho ou junto com amigos e amigas –, a resenha de livros inexistentes e a minuciosa exposição de sistemas filosóficos falsos, sem se esquecer do plágio puro e simples. Aliás, o plágio era o procedimento favorito das vanguardas artísticas da primeira metade do século xx, chegando Guy Debord a sustentar que plagiar é a condição fundamental de toda escrita, chegando assim Lautréamont, para quem o

---

[77] A caracterização do averroísmo como doutrina "inexistente" a ser descoberta mediante um método "onírico-crítico" e as noções de comentário, interrogação e ensino acima discutidas são devidas à leitura de Coccia (2008, pp. 39-59 e pp. 85-104). Ainda que esta nota atributiva de autoria possa parecer contraditória com o que se escreve neste capítulo, parece ao menos necessário indicar que a potência porventura existente em nosso texto, no que diz respeito a essas ideias, se comunicou diretamente com aquela de Coccia, de quem, é claro, não reproduzimos a expressão e o estilo, e sim uma *disponibilidade*.

plágio era necessário "porque o progresso o exige". Na verdade, como diz Calasso, não há literatura sem plágio. Trata-se de seu secreto fundamento:

> Toda a história da literatura – a história secreta que ninguém nunca estará em condições de escrever, exceto parcialmente, porque os escritores são habilidosos demais para se esconder – pode ser vista como uma sinuosa guirlanda de plágios. [...] Escrever é aquilo que, como o *éros*, faz oscilar e torna porosos os limites do eu. Todo estilo se forma por meio de sucessivas campanhas – com pelotões de incursão ou com exércitos inteiros – em território estrangeiro (CALASSO, 2012, pp. 167).

Todavia, Debord não se limitava a roubar frases, imagens ou fotogramas alheios. Em seus desvios (*détournements*), ele ia bem mais longe: alterava sentenças de outros autores, às vezes substituindo algumas palavras ou apenas trocando-as de lugar, gerando dessa maneira novas peças altamente subversivas. Tal se refletia também em suas montagens cinematográficas, em que cenas de vários filmes eram descontextualizadas e justapostas umas às outras, acompanhadas de trilhas sonoras que quase sempre se limitavam à monótona voz de Debord recitando trechos de *A sociedade do espetáculo* ou de *In girum imus nocte et consumimur igni*. Muitas vezes Debord escolhia frases amorfas ou imagens insossas para transformá-las em dinamite filosófica, como quando tomou o conservador e otimista dito do dialético Hegel – "o falso é um momento da verdade" (1980, §39) – e o apresentou, invertido, enquanto emblema da sociedade espetacular em que vivemos, na qual a verdade consiste apenas em um momento do falso (DEBORD, 1967, §9). A mudança de um simples título, teorizavam Guy Debord e Gil J. Wolman (1956), pode ter efeitos perturbadores; nesse sentido, eles sugeriram chamar a *Sinfonia heroica* de Beethoven de *Sinfonia Lênin*.

Borges e Debord são somente dois exemplos de uma longa tradição de autores sem obra, e sequer são os mais radicais, já que prestigiosas editoras cuidaram de publicar suas "obras" completas. Tanto antes quanto depois de ambos, há vários seres inoperosos (ἀργός) que desenvolveram múltiplas estratégias de invisibilização da autoria, tendo todos por anjo tutelar o escrivão Bartleby, que prefere não cumprir suas obrigações e ficar o dia inteiro contemplando uma parede de tijolos. Foi o insólito personagem de Herman Melville que abriu o caminho para muitos outros, presentes nas páginas nem sempre confiáveis – e por isso mesmo bastante divertidas – de Jean-Yves Jouannais e Enrique Vila-Matas, chegando inclusive à densa filosofia de Agamben, que transformou Bartleby no símbolo da potência (AGAMBEN, 1993).

Em *Artistas sem obra*, ensaio originalmente publicado em 1997, Jouannais nos apresenta um curioso elenco de escritores, pintores e artistas que *preferem não* e, portanto, deixam de criar obras, caracterizando-se fundamentalmente por aquilo que não fazem, o que pode ser tão ou mais interessante do que aquilo que a maioria faz. Desse rico mosaico, destacamos alguns exemplos. O primeiro é Jacques Vaché, que sem ter escrito nenhum livro, está em todas as histórias da literatura francesa devido a umas poucas cartas que dirigiu a André Breton e outros figurões, nas quais não fez mais do que depredar a tradição e apresentar coisas incômodas como a palavra "poheta". Já Armand Robin, que falava perfeitamente dezoito idiomas e compreendia outros vinte e três, dedicou noite após noite de sua vida a escutar, passivo e minucioso, emissões radiofônicas de todo o mundo – em especial dos países socialistas – para redigir um boletim informativo que nada continha dele próprio e que chegou a contar, no seu auge, com quarenta e cinco assinantes, entre os quais se contavam o Vaticano, a Presidência da República, o conde de Paris e alguns grupos anarquistas.

Falando em anarquistas, também é memorável o caso de Félix Fénéon, que em oitenta e dois anos não publicou mais do que um magro livro de quarenta e três páginas dedicado ao impressionismo, com tiragem de duzentos e vinte sete exemplares. Após a morte de Fénéon foram lançadas suas obras completas, que somam dois grossos volumes com textos que ele publicou anonimamente ou identificados apenas por suas iniciais.

Entre eles, nos conta Jouannais, estão as espirituosas *Novelas em três linhas*, que são, literalmente, novelas inteiras compostas em rápidas três linhas, microversos em que toda escritura se concentra no anonimato do autor e em tudo que, essencial, caiba em três linhas. Resta dizer que Fénéon, esse homem que não se importava com seu nome, foi o responsável por editar obras inéditas de diversos grandes nomes da língua francesa, tais como Rimbaud – no caso, trata-se da primeira publicação de *Iluminações!* –, Verlaine, Laforgue, Mallarmé, Gide, Jarry e Apollinaire.

Dando um passo a mais na direção da des/obra, há escritores que não escreveram nada ou escreveram muito pouco e ainda assim integram a história da literatura, mas na qualidade de personagens nos livros de outros escritores. É a situação de Jean Rigaut e de Roberto Bazlen, que encarnam a límpida citação de Zhuang Zi que abre o livro de Jouannais: "O homem perfeito não tem eu, o homem inspirado não tem obra, o homem santo não deixa nome".

No rastro de Jouannais, Enrique Vila-Matas lançou em 2000 seu melhor livro, *Bartleby e companhia*. Seu protagonista é um melancólico corcunda que, semelhante a Bartleby, trabalha como copista em um tedioso e cinzento escritório. A "trama" do livro se resume à apresentação de uma compilação de não-obras e não-autores preparada pelo corcunda, que redige deliciosas notas sobre escritores do Não como Robert Walser, Juan Rulfo, Rimbaud e Sócrates. Todos eles são bartlebys. O escrivão de Wall Street se torna então, mais do que um nome próprio, uma anônima categoria indeterminada que abarca todos que sentem uma

pulsão negativa ou a atração pelo nada que faz com que certos criadores, mesmo tendo uma consciência literária muito exigente (ou talvez precisamente por isso), nunca cheguem a escrever; ou escrevam um ou dois livros e logo renunciem à escrita; ou, depois de colocar em andamento sem problemas uma obra em progresso, ficam um dia literalmente paralisados para sempre (VILA-MATAS, 2015, p. 12).

O corcunda sabe que suas anotações não se resolvem em mera negatividade, pois apenas no labirinto do Não pode surgir a literatura que vem, que só nascerá – se é que nascerá algum dia – a partir da negação de toda escritura autoral. Nesse sentido, os escritores do Não, os copistas e os improdutivos autores (reais e inventados) que Vila-Matas vai trazendo à cena carregam o signo da potência, dado que em suas omissões e silêncios descansam os magníficos livros não escritos da humanidade, todos ostentando uma natureza embrionária, a exemplo da palavra em estado de dicionário a que se referiu certa vez Carlos Drummond de Andrade no poema "Procura da poesia"; ou, como diz Marcel Bénabou, autor de *Por que não escrevi nenhum de meus livros*, citado por Vila-Matas: "Sobretudo não vá o senhor acreditar, leitor, que os livros que não escrevi são puro nada. Ao contrário (que fique claro de uma vez), estão como que em suspensão na literatura universal" (VILA-MATAS, 2015, p. 26).

Todavia, a figura literária mais impressionante da des/obra é o arrepiante artista da fome do conto homônimo de Kafka, um dos últimos que ele escreveu e publicou em sua curta vida[78]. O artista da fome gasta seus dias no circo em uma jaula exibindo não só seu corpo magro aos curiosos, mas sobretudo seu jejum, seu recusar-se a comer. Trata-se de um artista cuja obra é pura privação, pura negação. À medida que passa o tempo, o jejuador se torna mais exigente e requer períodos maiores de inanição. Se alguém sugere que ele estaria comendo às escondidas, o artista da fome se sente ofendido. Ele inclusive se orgulha da existência

---

[78] O conto *Um artista da fome* foi originalmente publicado na revista *Die Neue Rundschau* de 1922, editada por Samuel Fischer. Logo apareceu em livro de 1924, ano da morte de seu autor (cf. KAFKA, 1924). O texto original pode ser lido em: <https://de.wikisource.org/wiki/Ein_Hungerk%C3%BCnstler_(1924)>.

de vigias que, armados com lanternas, devem se assegurar que nem mesmo de madrugada o grande artista coma. Mas o interesse do público começa a decair a partir de certo momento e o jejuador vai sendo esquecido. Seu empresário já não limita os dias de jejum, de maneira que o artista da fome fica livre para jejuar indefinidamente, tal como sempre ansiou, para aperfeiçoar sua arte. Entretanto, sem público, isso parece inútil, pois não há a quem exibir a privação, que era o que efetivamente dava satisfação ao jejuador. Ao final, às portas da morte, o artista da fome confessa a um fiscal que, passando por ali, o confundira com um monte de palha suja jogada no chão da jaula: "não como porque não encontrei nenhum alimento que me agrade. Se tivesse encontrado essa comida, me empanturraria como você e todos os outros". Kafka aproxima assim seu rigoroso jejuador a esses seres extremamente sensíveis que, a exemplo dos bartlebys de Vila-Matas, oprimidos pela miséria da atualidade "que não lhes agrada", preferem o Não, preferem provar em si mesmos que, diante da empobrecida realidade que todos julgam única e óbvia, há sempre a via negativa da fuga. Ainda que sombria, brilha aí uma potência capaz de negar o melhor dos mundos de Leibniz, o fim da história de Hegel e as condições "objetivas" que escravizam aqueles que no *ser* veem somente o *atual*.

Mas, para além da literatura, qual é o valor de uma biopotência sem obra? O que realmente queremos dizer quando falamos em ausência de obra, em exibir a pura potência-de-não? Trata-se simplesmente de negar o autor enquanto dispositivo personalizante e viver no anonimato? Tornar-se sem nome, sem memória e sem história, a exemplo de um alienado mental?

A obra, mais do que qualquer outra categoria, ocupa o lugar central do atual *Zeitgeist*, já que os seres viventes valem pelo que produzem. Nessa perspectiva, um empreendedor não se diferencia de uma vaca leiteira. O capitalismo bioárquico permanecerá imune a críticas e a transformações enquanto continuar produzindo sem cessar, ainda que para tanto destrua todo o planeta. A obra corresponde àquela cristalização do real que

160

parece ser, sempre e em qualquer lugar, a única, a presente, a efetiva. É ela que, de alguma maneira, impede que centralizemos nossa atenção nos processos e nos impõe as coisas que se processam, com o que perdemos a possibilidade de acessar algo para além dos *nossos* egos. Pensar e agir biopotencialmente exige uma desativação da obra para que os seres viventes não sejam qualificados pelo que produzem, mas pelas potencialidades que neles se abrem e se fecham: poder e poder-o-não. Toda obra mantém ativas a história e o século, motivo pelo qual uma verdadeira revolução precisa ser um alegre esquecimento. Eis o que o sem-obra, o *argós*, nos oferece. Ao aceitar esse dom poderemos finalmente entender, conforme ensinou Agamben, que o humano não tem nenhuma obra que o defina, não tem qualquer tarefa a cumprir ou dever a realizar[79]. Somente a partir dessa compreensão o vivente humano poderá estar no mundo como em si mesmo, só assim seu ἔθος (uso) coincidirá com seu ἦθος (caráter). "Heráclito disse que o caráter é o *daimónico* do humano": "Ηράκλειτος ἔφη ὡς ἦθος ἀνθρώπῳ δαίμων"(HE-RÁCLITO, frg. 119 [Diels-Kranz]). Só assim seremos éticos, só assim estaremos em uma ética. Do contrário, não passaremos de zumbis que cumprem deveres.

Por podermos ser éticos e não simplesmente cumpridores de deveres, estamos constitutivamente para além do destino, da culpa e do ato. É por isso, e não em razão de qualquer *moraleja* kantiana, que podemos afirmar que Eichmann não era ético,

---

[79] "O fato de que todo discurso sobre a ética deve partir é que o homem não é nem tem algo a ser ou a realizar, nenhuma essência, nenhuma vocação histórica ou espiritual, nenhum destino biológico. Só por isso algo como uma ética pode existir: pois é claro que se o homem fosse ou tivesse que ser esta ou aquela substância, este ou aquele destino, não haveria nenhuma experiência ética possível – haveria apenas tarefas a realizar. [...] a única experiência ética (que, como tal, não pode ser uma tarefa ou uma decisão subjetiva) é ser a (própria) potência, existir a (própria) possibilidade; ou seja, expor em toda forma a própria amorfia e em todo ato a própria inatualidade" (AGAMBEN, 1990, pp. 30-31).

mas apenas um cumpridor de deveres, um fazedor de obra, alguém incapaz de contemplar o que pode ou não fazer, tal como aconselhou Spinoza. Eichmann se guiava pelo dito kantista "se deve querer poder" ("*man muss wollen können*"), esse horrível acúmulo de verbos modais que apontam para a separação, para a limitação da potência, para as experiências onipresentes do direito, da moral e da vontade de submissão, que constitui a outra face da vontade de poder. Nesse sentido, Otto Adolf Eichmann é mais do que o tolo retratado por Arendt (1963) que inadvertidamente revelou a burocrática figura da banalidade do mal: ele encarna o exato avatar dos humanos despotencializados que habitam as cidades do século XXI.

Exilados de si por si mesmos mediante complexos dispositivos (des)subjetivantes – *Facebook, WhatsApp, Twitter, Netflix, Instagram*, etc. –, os humanos atuais não são exatamente "sujeitos" (cf. MATOS, 2018). Os processos de (des)subjetivação de que eles resultam se efetivam não para que possam gozar da potência ou liberá-la, mas para manter intacto o *lugar vazio do sujeito*, à semelhança de um molde a ser integralmente preenchido por obras que geram mais e mais *karma*. De fato, o vivente humano contemporâneo já não pode ser objeto da biopolítica tradicional porque nem mesmo sujeito ele é, mas apenas um lugar inarticulado voltado para a produção de obras, um vazio em que se impõe um "você deve" preenchido ininterruptamente por autoridades médicas, jurídicas, políticas, etc.

A romântica biopolítica de Foucault foi ultrapassada pela atual bioarztquia que não pretende moldar, controlar ou fazer viver, mas simplesmente garantir que os chefes sejam obedecidos de maneira automática, sem críticas ou questionamentos, mantendo sempre ativa a produção de obras. Mas apesar dessa triste conjuntura epocal, não somos o que produzimos ou o que temos, muito menos coisas triviais como profissões, nomes, direitos ou ideologias. Quando os seres humanos acreditarem nisso, e apenas quando acreditarem nisso, será possível esmigalhar a metafísica do Ser, da presença, do ato, da obra e escapar para contemplar, em si mesmo, suas (im)próprias potências e potências-de-não.

O que está em jogo não é algo abstrato e sim muito concreto. Trata-se de corpos que, mais do que dizer um não institucionalizado e controlado, emulam Bartlebly e *preferem viver* o Não. Frente aos violentos enfrentamentos diretos contra o poder que costumam se solidificar sob a forma do ato – *v.g.*, o partido de vanguarda, o Estado socialista, o grupo terrorista –, os corpos biopotentes simplesmente preferem *preferir não*, preferem viver na tensão constitutiva do δέμας, ou seja, daquilo que se (des)constrói infinitamente. São corpos que preferem não produzir, que se retiram, que escapam, que fogem. Mulheres que preferem não ser mães e homens que preferem não ser machos. Vagabundos que preferem não ter o celular da moda. Negros que preferem não ser racializados. Cidadãos que preferem não votar. Revolucionários que preferem não tomar o poder e andam por aí à toa. Estudantes que preferem não ser adestrados, professores que preferem não formar. Viventes que preferem, ao invés da sempre feroz dialético-antropológica da produção, contemplar o poema de Joan Brossa:

> Os corpos não se dão conta do que podem:
> preferir não por uma semana
> seria suficiente para fundir a bioarztquia,
> paralisar a obra e demonstrar que
> os deveres que impõem não são necessários
> (BROSSA, 1983, p. 233)[80].

Porque o poder tem *horror vacui*. Ele não suporta alguém que, mais do que dizer não e com ele travar uma relação negativa – que, de resto, pode ser perfeitamente absorvida pela máquina

---

[80] "*La gent no s'adona del poder que té:/ amb una vaga general d'una setmana/ n'hi hauria prou per a ensorrar l'economia,/ paralitzar l'Estat i demostrar que/ les lleis que imposen no són necessaries*" (no original).

dialético-antropológica –, *prefere não* e o abandona sem súditos nem adoradores.

Para entender o sentido da des/obra talvez seja instrutivo abandonar o terreno da filosofia e da literatura e observar aquele dos gestos. Em Ouro Preto, cidade histórica de Minas Gerais, mantém-se desde o século XVIII a tradição dos "tapetes devocionais". Durante a semana santa, no início da noite do sábado de aleluia, os moradores começam a desenhar nas ruas da cidade as mais diversas imagens, normalmente de teor religioso, mas às vezes também evocando fatos e personalidades políticas e culturais[81]. Após terem traçado os contornos dos desenhos

---

[81] Em 2019, por exemplo, ao lado de tapetes que celebravam a páscoa e a ressureição do Cristo, havia outros que denunciavam o incêndio de Notre Dame e o rompimento da barragem de Brumadinho em 25 de janeiro de 2019, desastre ecológico que lançou no meio ambiente toneladas de rejeitos de mineração por meio de um impressionante rio de lama que corria à velocidade de 80 km/h devastando campos, cidades, florestas e tudo que encontrava pelo caminho. Essa catástrofe custou mais de 270 vidas humanas e incontáveis vidas animais e vegetais, sem que nenhum dos dirigentes da empresa responsável (Vale S.A.) tenha sido responsabilizado até agora (cf. <https://pt.wikipedia.org/wiki/Rompimento_de_barragem_em_Brumadinho>). Havia também um tapete que homenageava Marielle Franco, vereadora negra, favelada, bissexual e de esquerda do Rio de Janeiro, que há anos denunciava as milícias cariocas e acabou sendo assassinada por elas em 14 de março de 2018 (cf. <https://pt.wikipedia.org/wiki/Marielle_Franco>). Entretanto, o tapete de Marielle foi violentamente desmanchado por guardas municipais logo depois de ter sido terminado. Como era de se esperar, o representante local da Igreja se posicionou de maneira contrária a manifestações de "cunho político" na semana santa e justificou, juntamente com a Prefeitura de Ouro Preto, a *sensura* ao tapete de Marielle, afirmando que os "tradicionais" tapetes devocionais servem apenas para expressar sentimentos religiosos (cf. <https://www.em.com.br/app/noticia/gerais/2019/04/22/interna_gerais,1047984/tapete-com-homenagem-a-marielle-e-desmanchado-por-guarda-em--ouro-preto.shtml>). O argumento nos parece inaceitável, pois toda religião é, sempre e inevitavelmente, política.

com giz ou carvão, suas formas são preenchidas por serragem colorida, pó de café, cal, flores e outros materiais, resultando em belos e frágeis tapetes que, na manhã seguinte, serão destruídos pela passagem das procissões que comemoram o domingo de páscoa. A montagem dos tapetes é difícil e detalhada, e alguns deles demoram mais de oito horas para serem finalizados. Enquanto trabalham na composição dos tapetes, os ouro-pretanos conversam, bebem, riem, tocam e ouvem música, as crianças brincam e até mesmo os turistas, habitualmente tão predatórios em cidades como Ouro Preto, colaboram na confecção dos tapetes noite adentro.

Na perspectiva da obra, da produção e do capital, os tapetes devocionais de Ouro Preto são provas de insensatez, já que, depois de prontos na madrugada de sábado, serão rapidamente desfeitos pelas pesadas procissões de domingo. Mas é nessa fraca sobrevivência, nessa dimensão de alegre jogo, que se pode encontrar algo que sobrepuja a obra e a desativa. No feliz e régio dispêndio com que os ouro-pretanos preparam seus precários tapetes devocionais esconde-se uma figura da des/obra, da potência-de-não, da inoperosidade: faz-se os tapetes como se não se fizesse e ninguém está preocupado em impor-lhes autoria. A vida do anônimo tapete devocional se gasta em seu uso, não deixando nenhum resto, nenhum produto. Desse modo, a potência goza de si ao se potenciar, ao ser fluxo e, finalmente, ao se consumir. Enquanto os tapetes são preparados, bebe-se, conversa-se, canta-se, brinca-se, trazendo-se assim à luz o que pode ser um modo de vida, uma forma-de-vida nascida da contingência que desativa destino e obra.

Os tapetes devocionais dos ouro-pretanos são infantis, e isso quer dizer que custodiam no mais alto grau a dimensão da graça. Precisamos aprender a des/obrar como as crianças, que nunca produzem, só brincam. Somente quando soubermos brincar com o capital bioárztquico poderemos destituí-lo. Brincar talvez seja esse modo supremo de viver que desloca para uma zona de indeterminação o fazer e o não fazer, a obra e o ócio e até mesmo o ato e a potência. Quando brincarmos desinteressadamente com nossas vidas saberemos, de fato, o que pode um corpo.

Foto do tapete devocional dedicado a Marielle Franco momentos antes de ser destruído pela Guarda Civil Metropolitana de Ouro Preto/MG

διά
8. através

Julien Gracq escreveu um belo fragmento – ainda que duro para alguns egos – sobre a rara dimensão comum a que a escrita nos conduz em certas ocasiões, bem como sobre a dificuldade de reconhecer que, se alguém escreve, é porque outros antes já escreveram: "Por que se recusar a admitir que escrever raramente se liga a um impulso totalmente autônomo? Escrevemos primeiramente porque outros antes de nós escreveram, e depois porque já começamos a escrever" (GRACQ, 2007, p. 144). As palavras de Gracq desvelam um dos problemas centrais da nossa cultura, ancorada nas categorias aristotélicas de ato e potência. Todavia, é o próprio Aristóteles – sem nos esquecermos de sua conhecida predileção pelo ato em detrimento da potência – que nos ajudará a terminar este livro com a noção de *bioemergência*, neologismo baseado na junção de *bíos* e emergência. A primeira ideia já foi desenvolvida ao longo de nossa argumentação. A segunda, como veremos, se relaciona à noção de "surgimento" conforme pensada na biologia pelo antropólogo Terrence Deacon (2013, pp. 143-181). Trata-se de uma emergência que se refere não a uma urgência, e sim ao surgir, ao emergir. Nesse sentido, como explica Esposito ao se referir à obra de Merleau-Ponty, o conceito de emergência se liga não à noção de poder constituinte, que sempre exige um sujeito personalizado pressuposto e anterior aos processos formativos, mas antes à de praxis instituinte, que indica algo que emerge de outra coisa sem ser por ela determinada, mas, ao contrário, transformando-a em um processo virtualmente infinito (ESPOSITO, 2021, pp. 55-56).

Comecemos lendo a célebre passagem de Aristóteles sobre o citarista:

> Mas como já se tornou algo do que está se tornando [citarista] e, em geral, algo já se moveu do que está se movendo [...] também certamente quem está aprendendo possuirá de maneira necessária o conhecimento correspondente. Além disso, com esse argumento fica evidente que o ato é, também nesse sentido, anterior à potência no que se refere à geração e ao tempo (ARISTÓTELES, 2000b, 1049b30-1050a5).

Antes de mais, é preciso esclarecer esse denso trecho. Nele Aristóteles se refere ao princípio e à causa do ato e da potência, que para ele só pode ser o movimento[82]. Nessa perspectiva, ele afirma que quem está aprendendo "possuirá de maneira necessária o conhecimento correspondente", ou seja, um conjunto de instruções e regras prévias que não foram criadas por quem aprende certa arte ou saber. Finalmente, o filósofo assinala que o ato é anterior à potência na geração e no tempo.

À primeira vista parece pouco razoável pensar assim, pois como o citarista concreto viria antes da potência de tocar cítara? Entretanto, lembremo-nos que Aristóteles está falando de um processo de aprendizagem. Assim, se alguém consegue se tornar citarista, não é porque simplesmente guardava em seu interior a potência para tanto, ainda que isso seja verdade em um sentido muito geral. A aprendizagem da arte da cítara não deriva da suposta anterioridade da potência em relação ao ato, mas da existência mesma do ato, ou seja, da existência da arte de tocar cítara e do citarista concreto que a domina. É a partir disso que se pode gerar o movimento ligado à atualização da potência de tocar cítara. Tal não se baseia previamente em ne-

---

[82] "O movimento é a atualidade do potencial enquanto tal" (ARISTÓTELES, 1995, 201a10).

nhuma forma de saber ligado à atualização da potência, já que, antes do surgimento da arte da cítara, essa arte simplesmente não existia, nem como ato e nem como potência.

Se deixarmos de lado a autoritária ideia platônica de reminiscência presente na teoria das ideias, para que haja uma potência de ser citarista é absolutamente necessário que, antes da atualização de tal potência por parte do futuro citarista, já exista a arte de tocar cítara. Se há citaristas, parece que Aristóteles nos diz, não é apenas porque temos a potência geral de nos tornarmos citaristas, mas porque se pode aprender a tocar cítara e, portanto, ser citarista. Isso é possível, na linha do fragmento de Gracq citado no início deste capítulo, porque outros foram citaristas antes daquele que agora aprende a sê-lo.

Até aqui parece tudo muito lógico, dado que se escreve porque existe a escrita e é em virtude da existência da arte de tocar certo instrumento que ele pode ser tocado e, portanto, há citaristas e flautistas. Nada obstante, como no famoso paradoxo do ovo e da galinha, a explicação de Aristóteles não nos oferece uma resposta adequada. Ao contrário, ele nos leva ora à margem do ato, ora à margem da potência e, pior ainda, nos convida até mesmo a molhar os pés no mundo das ideias. Com efeito, Aristóteles nos transmite a impressão equivocada de que ou existe a ideia eterna de citarista ou que no mundo sempre existiram citaristas. Centrado em sua teoria do ato e da potência, o estagirita se esquece que antes de surgir o primeiro músico, citarista, flautista ou escritor, eles não existiam nem como ato e nem como potência. Então, a pergunta decisiva é: como foi possível o primeiro citarista, sem que antes dele tivesse existido uma forma pura ou uma potência? Como veremos, a resposta reside na noção caótica e expansiva de bioemergência.

Para Aristóteles, é o movimento que faz com que a potência se torne ato, podendo inclusive haver a participação do que ele chama de acidente. Todavia, tendo em vista a dependência de suas ideias em relação aos conceitos dualistas de ser e substância, nos parece que ele não consegue responder à questão proposta no parágrafo anterior. Para tanto, precisamos lançar mão de noções mais indeterminadas – como a própria realidade –, a exemplo do conceito de "estidade" ou "hecceidade" (do latim *haeccitas*) de Duns Scotus, utilizado por autores contemporâneos tão diferentes como Charles Sanders Peirce – que o entende como uma referência não descritiva para um elemento individual – e, em uma dimensão mais interessante para nosso discurso, Gilles Deleuze.

Alguns interpretam o conceito de "hecceidade" como um sinônimo de "essência", de "quididade" ou do aristotélico "substância", termo que vem do latim *substantia*, tradução literal do grego *hypokéimenon* (ὑποκείμενον), que quer dizer o existente (-*stantia*, -*kéimenon*) que está abaixo (*sub-*, *hypo-*), quer dizer, aquilo que dá fundamento a toda a realidade. Segundo entendemos, trata-se de um equívoco, pois "hecceidade" corresponde a um neologismo filosófico criado a partir do pronome latino *haec*, que significa "este/esta". Daí nossa proposta de tradução para "estidade", pois esse conceito pretende evocar o "este/esta" irrepetível e próprio de cada ser, as qualidades, propriedades e características que tornam uma coisa única, quer dizer, particular, na linguagem da lógica aristotélica. Preferimos, contudo, acatando a lição de Deleuze, falar em "singular", conceito totalmente diferente do de "particular".

Em *Diferença e repetição*, Deleuze (1968) critica o procedimento tradicional da filosofia ocidental, que consiste na construção de universais (por exemplo, "o" homem) com base em particulares (um homem brasileiro, um homem socialista, um homem João) que nada mais são do que reflexos da vacuidade desse mesmo universal, que nunca está presente em lugar algum, nem como ato e nem como potência. Dessa maneira, no lugar de usar a noção de particular, que não passa de uma derivação fantasmática do conceito de universal, Deleuze propõe a ideia de singularidade, que diz respeito de maneira radical à irrepetibilidade de cada ser. É assim que compreendemos o termo "estidade", ou seja, como singularidade.

Sem poder aprofundar a complexa argumentação de Deleuze, entendemos que a principal questão de sua ontologia, desenvolvida ao longo de toda sua obra filosófica, é: como algo novo surge no mundo? Para tanto, ele lança mão de duas díades que não se confundem: possível/real e virtual/atual. O possível depende do real, pois o que é possível deve ser derivado do existente, de maneira que não é possível que uma laranja nasça de uma macieira. Mas se o mundo fosse efetivamente assim, como surgiria nele a novidade ou, em nossos termos, a (bio)emergência do novo? Como teria surgido, por exemplo, o ser humano a partir de células eucariontes, como a consciência teria emergido a partir da pura matéria inorgânica e amorfa? Para resolver essa dificuldade, semelhante à que aqui debatemos, Deleuze e Guattari apresentam em seu último livro conjunto, *O que é a filosofia?*, a díade virtual/atual, explicando que o virtual – que para Agamben constitui um sinônimo de "potência" – não depende do atual, com ele não se assemelha e não pode ser previsto a partir dele, já que o extrapola. Com o virtual surgem as "estidades", de modo que o que existe ontologicamente são singularidades e multiplicidades. Multiplicidades são *repetições diferenciais* de singularidades, que podem ser pensadas de certa maneira como constantes – eis o que faz a ciência – ou enquanto variações puras – como faz a filosofia. Assim, a filosofia se constrói mediante conceitos autorreferentes e lida com o *caos emergente* do real, algo que a ciência não consegue e nem pretende fazer, pois estabelece limites entre as variáveis, dado que trabalha com constantes, isto é, com um tipo relativamente aceitável de "universal". Resumindo, com Karla Chediak:

> O originário, em última instância é sempre singular, a atualização de um universal e, por isso, a emergência do novo, ou seja, a gênese das determinações vai se explicar pela diferença, pelo singular. O universal torna-se um conceito derivado e secundário e por não poder explicar o aparecimento de algo, não serve para pensar a gênese do real uma vez que toma a realidade sempre como já dada (CHEDIAK, 2016, pp. 164-165).

Ainda que alguns compreendam a *haeccitas* como a "estidade" de algo enquanto aquilo que ele se tornou, em nossa perspectiva a *haeccitas* nunca se torna um "este/esta" (*haec*) acabado, tendo em vista a dimensão rizomática que atribuímos a tal conceito. É a tentativa de objetivação e de submissão com a qual certa linguagem científica reduz a realidade que permite confundir a noção de fluxo com a de "estidade" pronta e essencializada. Nesse contexto, parece-nos preciosa a leitura de Mario Benedetti, que nos recorda em seu poema dedicado a um *marine* estadunidense a riqueza do castelhano que, assim como o português, permite diferenciar o ser e o estar[83]. Da mesma forma, a noção de bioemergência nos indica que, se somos *haeccitas*, o somos enquanto fluxo, quer dizer, muito mais um *estar sendo* do que um *ser*. Não somos resultados de um jogo de cartas marcadas entre a potência e o ato; somos toques, gestos, corpos, significantes, novelos, afetos, imersões, contágios e carícias, algo como uma potência da potência – se quisermos manter esse antigo conceito –, quer dizer, uma potência autonomizada do ato, uma potência que consiste em pura abertura e contínuo emergir de si e em si: mundo.

A bioemergência nos ensina que a vida e seus processos nascem em larga medida de emersões imprevistas, incontroláveis e irredutíveis a esquemas anteriores, pois só assim pode surgir o novo. Se alguém se torna flautista, tal não se dá porque sempre existiram flautistas. O primeiro flautista não tinha diante de si um "saber ser flautista". Foram a bioemergência, a casualidade – e não a superestimada causalidade –, o contato, a experimentação e o jogo que levaram certo ser humano a introduzir, talvez entediado, um osso oco na boca e soprar, criando assim o "flautismo". Não há potência "em geral", e sim uma potência

---

[83] O poema de Benedetti a que nos referimos é "Ser e estar" e começa assim: "Oh marine/ oh *boy*/ uma de tuas dificuldades é que não sabes/ distinguir o ser do estar/ para ti tudo é *to be*/ assim, tentemos esclarecer as coisas" (BENEDETTI, 2020, p. 384).

da emergência e do acaso. No real-virtual trata-se sempre de um *potenciacaso*.

Na dimensão do *bíos*, pensar a potência de forma aristotélica – ou seja, sem levar em consideração a emergência e o acaso – nos impede de reconhecer um importante princípio biológico descrito por Steven Rose, segundo o qual a unidade dos organismos é um processo unitário e não algo estruturalmente dado de uma vez para sempre, o que significa que os sistemas vivos são abertos[84]. Aqui julgamos interessante retomar um estranho conceito que Aristóteles descreveu, à sua maneira, nos *Breves tratados de história natural*, qual seja, o "diáfano", que pode ser traduzido como "transparente". Escreve o estagirita:

> Que deve haver um limite para a transparência inerente aos corpos é evidente, e que este é a cor, fica claro a partir dos fatos, pois a cor ou está no limite ou é o próprio limite – por isso também os pitagóricos chamavam de "cor" a superfície (ARISTÓTELES, 1987, 439a30).

Como se percebe, o termo *khroiá* (χροιά) que Aristóteles usa para "cor" é equivocado, pois essa palavra grega originalmente significava "pele" segundo os antigos, sendo posteriormente usada pelos pitagóricos para designar "superfície"[85]. Talvez nesse ponto, seguindo inadvertidamente a errônea leitura de Aristóteles e distanciando nosso olhar da magnífica construção grega "diáfano" (διά Φανειν, literalmente: "através da luz"),

---

[84] "A unidade de um organismo é uma unidade processual, não estrutural. [...] Isso significa que os sistemas vivos são abertos. [...] Toda criatura viva está em constante fluxo, sempre ao mesmo tempo *sendo* e *se tornando*"(ROSE, 2002, p. 290).

[85] Cf. a n. 38 da edição citada dos *Breves tratados de história natural*: "Trata-se de um erro de interpretação de Aristóteles. O termo *khro(i) á*, que originalmente significava 'pele', é usado pelos pitagóricos com o sentido de 'superfície', que era o mesmo que possuía na época deles. Só mais tarde adquire o significado de "cor", que era o usual na época do estagirita".

tenhamos caído no pragmatismo latino do *trans parere*, pensando assim que a pele é uma cor ou uma superfície, ou seja, um limite. Há tempos nos esquecemos de que não somos ilhas e que se vivermos isolados enquanto essências ou "estidades" definitivas, acabaremos erodidos por nosso próprio entorno, a exemplo do que fazem as ondas com as margens das praias. Para evitar isso, temos que retomar a dimensão do comum que está na nossa própria pele e entendê-la não como uma espécie de embalagem de nossos "eus", mas como aquilo que nos permite aparecer ou, em termos gregos, luzir (φαίνω, "brilhar")[86].

O termo *diá* (διά, "através") nos mostra que tudo que somos é bioemergência, contato, toque, massagem, afago, mas também ferida, golpe, impacto, choque. Toda ideia de potência deve ser reinterpretada como bioemergência. Não somos um mero *apparoître*[87], algo fixo como uma pintura rupestre feita com pigmentos e fuligem, gravada por séculos nas cavernas. Não somos um amontoado de potências e atos, e sim um "através", um *bíos* que mantém o fascínio da pergunta do bioquímico Jacques Monod, que se questiona como foi possível que sistemas com propósitos, a exemplo dos seres humanos, tenham emergido de um universo sem objetivos (SHERMAN, 2017, p. 6). A resposta está na noção de bioemergência. Escrevemos apesar

---

[86] "Se viver significa aparecer, é porque tudo o que vive tem uma pele, vive à flor da pele. É sobretudo a pele que permite ao animal constituir-se como ente que vive só da e em sua própria aparência" (COCCIA, *La* 2011, p. 109) Mais adiante, Coccia se refere à moda enquanto vestimenta e pele artificial do ser humano: "A roupa, literalmente, não é mais do que a impossibilidade para um *bíos* de existir sem *hábitos*" (COCCIA, 2011, p. 132). A pele recebe outra pele – a roupa –, sempre passando pela rede semiótica da vestimenta. A pele que roça outra pele não sente o mesmo sem a semiótica da aparência que lhe permite se abrir ou se fechar para o outro. Por isso, para muitos o corpo humano nu é tão repugnante nos espaços públicos, dado que assim não se pode apreciar os sinais de classe e de grupo que a vestimenta oferece.

[87] Palavra francesa em desuso que se refere ao verbo *apparaître* ("aparecer") e que remete à ideia de mostrar algo na parede.

de não termos genes específicos para tanto, e caso aconteça um eventual ressurgimento da humanidade após alguma provável extinção catastrófica, não há qualquer garantia de que a escrita se desenvolva novamente (WOLF, 2008, p. 232). Escrevemos porque, efetivamente, outros escreveram antes de nós. Não há nenhuma magia interior que se projete no exterior; somos porque há fluxo, acaso, através de...

As regras não são, como pretendem alguns, o jogo. Enquanto afluência emergente, o jogo significa coabitação e improvisação, esses dois primeiros passos que nos permitem experimentar a potência humana de mudar as regras[88]. Aceitar as regras do jogo equivale simplesmente a abrir mão de jogá-lo, ou seja, convencermo-nos da ilusão de que somos imutáveis e essenciais, apesar da evidência de que sempre estamos envolvidos em processos de transformação. Somos um transcorrer, um através-com-em rizomático. Podemos ficar obcecados em nos produzirmos enquanto obras ou então existir de maneira bioemergente, quer dizer, conservar um tipo de desejo kafkiano de nos tornarmos indígenas[89] e vivermos de diversos modos inéditos, escandalosos e "impossíveis". Um deles seria não apenas viver uma vida não fascista, tratando-se de uma prática de si muito mais exigente: viver a positividade de uma vida democrática, algo que nunca aconteceu neste planeta. Sim, podemos fazê-lo, ainda que ninguém tenha feito isso antes de nós. Eis o desafio.

---

[88] Sobre a dimensão libertadora do jogo, em especial no pensamento dos situacionistas, cf. Souza (2020).

[89] "Se realmente se fosse um índio, desde logo alerta e, em cima do cavalo na corrida, enviesado no ar, se estremecesse sempre por um átimo sobre o chão trepidante, até que se largou a espora, pois não havia espora, até que se jogou fora a rédea, pois não havia rédea, e diante de si mal se viu o campo como pradaria ceifada rente, já sem pescoço de cavalo nem cabeça de cavalo" (KAFKA, 1999, p. 35).

Referências

AGAMBEM, G. 2018. *Homo sacer: edizione integrale (1995-2015).* Macerata: Quodlibet.

AGAMBEN, G. 2014. *L'uso dei corpi.* Vicenza: Neri Pozza.

AGAMBEN, G. 2009. "O que é o contemporâneo?". Trad. Vinícius Nicastro Honesko. In: Giorgio Agamben. *O que é o contemporâneo? E outros ensaios.* Chapecó: Argos, pp. 53-73.

AGAMBEN, G. 1999. "On potentiality". In: Giorgio Agamben. *Potentialities: collected essays in philosophy.* Trad. Daniel Heller-Roazen. Stanford: Stanford: University, pp. 177-184.

AGAMBEN, G. 1995. *Homo sacer: il potere sovrano e la nuda vita.* Torino: Einaudi.

AGAMBEN, G. 1993. *Bartlebly: la formulla della creazione.* Macerata: Quodlibet.

AGAMBEN, G. 1990. *La comunità che viene.* Torino: Einaudi.

AGAMBEN, G. 2021. "Il volto e la morte". *Una voce.* Macerata: Quodlibet. Disponível em: <https://www.quodlibet.it/giorgio-agamben--il-volto-e-la-morte>

ANDRADE, C. D. 1945. *A rosa do povo.* Rio de Janeiro: José Olympio.

ARENDT, H. 1963. *Eichmann in Jerusalem: a report on the banality of evil.* New York: Viking.

ARISTÓTELES. 2000a. *Acerca del alma.* Trad. Tomás Calvo Martínez. Barcelona: Gredos.

ARISTÓTELES. 2000b. *Metafísica.* Trad. Tomás Calvo Martínez. Barcelona: Gredos.

ARISTÓTELES. *Física.* 1995. Trad. Guillermo R. de Echandía. Barcelona: Gredos.

ARISTÓTELES. 1987. *Tratados breves de historia natural.* Trad. Ernesto La Croce y Alberto Bernabé Paiares. Madrid: Gredos.

BATAILLE, G. 1985. *O ânus solar.* Trad. Anibal Fernandes. Lisboa: Hiena.

BATAILLE, G. 1972. *Sobre Nietzsche.* Trad. Fernando Savater. Madrid: Taurus.

BATAILLE, G. 1970. *Œuvres completes.* T. 1. Paris: Gallimard.

BAUGHMAN, F. A.; HOVEY, C. 2007. *El fraude del TDAH: cómo la psiquiatría transforma en "pacientes" a niños normales.* Victoria: Trafford.

BENJAMIN, W. 2003. "Notizen zu einer Arbeit über die Kategorie der Gerechtigkeit". In: Eric Jacobson (org.). *Metaphysics of the profane: the political theology of Walter Benjamin and Gershom Scholem*. New York: Columbia University, pp. 167-169.

BERNAYS, E. 2011. *Crystallizing public opinion*. New York: IG Publishing

BERNAYS, E. 2010. *Propaganda*. Trad. Albert Fuentes. Barcelona: Melusina.

BERNSTEIN, B. 1975. *Langage et classes sociales: codes socio-linguistiques et contrôle social*. Paris: Les Éditions de Minuit.

BHUGRA, D.; PATAHRE, S.; TASMAN, A. *et al.* 2017. "The WPA-Lancet psychiatry commission on the future of psychiatry". *The Lancet Psychiatry*, v. 4, n. 10, pp. 775-818.

BORGES, J. L. 1960. *El hacedor*. Buenos Aires: Emecé.

BRANDON, R. B. 1994. *Making it explicit: reasoning, representing, and discursive commitment*. Cambridge: Harvard University.

BROSSA, J. 1983. *Askatasuna*. Barcelona: Alta Fulla.

BUTLER, J. 2015. *Notes toward a performative theory of assembly*. Cambridge: Harvard University.

BUTLER, J. 2004. *Precarious live: the powers of mourning and violence*. London: Verso.

CALASSO, R. 2012. *La folie Baudelaire*. Trad. Edgardo Dobry. Barcelona: Anagrama.

CALASSO, R. 1999. *Ka*. Trad. José Rubens Siqueira. São Paulo: Companhia das Letras.

CANGUILHEM, G. 2006. *Le normal et le pathologique*. Paris: Presses Universitaires de France, 2006.

CARROLL, L. 1895. *Sylvie and Bruno concluded*. London: Macmillan and Co.

CARTWRIGHT, S. 1851. "Diseases and peculiarities of the negro race". *De Bow's Review: Southern and Western States*, v. XI. Disponível em: <http://www.pbs.org/wgbh/aia/part4/4h3106t.html>.

CASTORIADIS, C. 2010. "Le politique et la politique". In: Cornelius Castoriadis. *Démocratie et relativisme: débat avec le MAUSS*. Paris: Mille et Une Nuits, pp. 46-53.

CASTORIADIS, C. 1977. *Domaines de l'homme: les carrefours du labyrinthe vol. 2*. Paris: Seuil.

CHEDIAK, K. 2016. "O universal na filosofia de Deleuze". *O que nos faz pensar*, n. 21, pp. 161-172. Disponível em: <http://oquenosfazpensar. fil.puc-rio.br/import/pdf_articles/OQNFP_21_10_karla_chediak.pdf>.

COCCIA, E. 2018. *La vita delle piante: metafisica della mescolanza.* Bologna: Il Mulino.

COCCIA, E. 2011. *La vida sensible.* Trad. María Teresa D'Meza. Buenos Aires: Marea.

COCCIA, E. 2008. *Filosofía de la imaginación: Averroes y el averroísmo.* Trad. María Teresa D'Meza. Buenos Aires: Adriana Hidalgo.

COMTE, A. 1967. *Système de politique positive ou traité de sociologie instituant la religion de l'humanité. Vol. I. Réimpression de l'édition 1851-1881.* Osnabrück: Otto Zeller. Disponível em: <https://gallica.bnf. fr/ark:/12148/bpt6k5449v>.

DAHLET, P. 2019. "A sociedade de mercado e a eufemização de sua violência: que discurso (des)obedecer?" In: Andityas Soares de Moura Costa Matos (org.). *Ensaios de desobediência epistemocrítica: dimensões antagonistas na era das sujeições bio-político-cibernéticas.* Belo Horizonte: Initia Via, pp. 155-189.

DAWKINS, R. 1990. *The selfish gene.* Oxford: Oxford University.

DEACON, T. W. 2013. *Incomplete nature: how mind emerged from matter.* New York: Norton.

DEBORD, G. 1967. *La société du spectacle.* Paris: Gallimard.

DEBORD, G.; WOLMAN, G. J. 1956. "Mode d'emploi du détournement". *Les lèvres nues*, n. 8.

DELEUZE, G. 2003a. "L'immanence: une vie..." In: Gilles Deleuze. *Deux régimes de fous.* Paris: Les Éditions de Minuit, pp. 359-363.

DELEUZE, G. 2003b. "Post-scriptum sur les sociétés de controle". In: Gilles Deleuze. *Pourparlers (1972-1990).* Paris: Les Éditions de Minuit.

DELEUZE, G. 2003c. "Signes et événement: entretien avec Raymond Bellour et François Ewald". In: Gilles Deleuze. *Pourparlers (1972-1990).* Paris: Les Éditions de Minuit.

DELEUZE, G. 1968. *Différence et répétition.* Paris: Presses Universitaires de France.

DELEUZE, G.; GUATTARI, F. 1991. *Qu'est-ce que la philosophie?* Paris: Les Éditions de Minuit.

DELEUZE, G; GUATTARI, F. 1972. *L'anti-Œdipe: capitalisme et schizophrénie.* Paris: Les Éditions de Minuit.

DENNETT, D. 2017. *From bacteria to Bach and back: the evolutions of mind.* London: Penguin.

DETIENNE, M. 2001. *Apolo con el cuchillo en la mano*. Trad. Mar Llinares García. Madrid: Akal.

DICKENS, C. 1998. *Our mutual friend*. London: Penguin.

DIELS, H.; KRANZ, W. (orgs.). 1951. *Die Fragmente der Vorsokratiker*. 6. ed. Berlin: Weidmannsche.

ESPOSITO, R. 2021. *Istituzione*. Bologna: Il Mulino.

ESPOSITO, R. 2018. *Politica e negazione: per una filosofia affermativa*. Torino: Einaudi.

ESPOSITO, R. 2017. *Personas, cosas, cuerpos*. Trad. Albert Jiménez. Madrid: Trotta.

ESPOSITO, R. 2016. *Política y pensamiento*. Trad. Javier Gálvez Aguirre. Granada: Universidad de Granada.

ESPOSITO, R. 2014. *Le persone e le cose*. Torino: Einaudi.

ESPOSITO, R. 2013. *Dos: la máquina de la teología política y el lugar del pensamiento*. Trad. María Teresa D'Meza Pérez y Rodrigo Molina Zavalía. Buenos Aires: Amorrortu.

ESPOSITO, R. 2011. "Biopolítica y filosofía de lo impersonal". In: Roberto Esposito. *El dispositivo de la persona*. Trad. Heber Cardoso. Buenos Aires: Amorrortu, pp. 9-53.

ESPOSITO, R. 2009. *Comunidad, inmunidad y biopolítica*. Trad. Alicia García Ruiz. Barcelona: Herder.

ESPOSITO, R. 2007. *Terza persona: politica della vita e filosofia dell'impersonale*. Einaudi: Torino.

ESPOSITO, R. 2004. *Bíos: biopolitica e filosofia*. Torino: Einaudi.

FOUCAULT, M. 2018. *Histoire de la sexualité 4: les aveux de la chair*. Paris: Gallimard.

FOUCAULT, M. 2004a. *Naissance de la biopolitique: cours au collége de France (1978-1979)*. Paris: Gallimard.

FOUCAULT, M. 2004b. *Sécurité, territoire, population: cours au collège de France (1977-1978)*. Paris: Gallimard.

FOUCAULT, M. 2001a. "Crise de la médecine ou crise de l'antimédecine?". In: Michel Foucault. *Dits et écrits. Vol. II (1976-1988)*. Paris: Gallimard (Quarto), pp. 40-42.

FOUCAULT, M. 2001b. "La nassaince de la médecine sociale". In: Michel Foucault. *Dits et écrits. Vol. II (1976-1988)*. Eds. Daniel Defert et François Ewald. Paris: Gallimard (Quarto), pp. 207-228.

FOUCAULT, M. 2001c. "La vie des hommes infames". In: Michel Foucault. *Dits et écrits. Vol. II (1976-1988)*. Eds. Daniel Defert et François Ewald. Paris: Gallimard (Quarto), pp. 237-253.

FOUCAULT, M. 2001d. "Le jeu de Michel Foucault". In: Michel Foucault. *Dits et écrits. Vol. II (1976-1988)*. Paris: Gallimard (Quarto), pp. 298-329.

FOUCAULT, M. 2001e. "Qu'est-ce qu'un auteur?" In: Michel Foucault. *Dits et écrits. Vol. I (1954-1975)*. Eds. Daniel Defert et François Ewald. Paris: Gallimard (Quarto), pp. 817-849.

FOUCAULT, M. 1976. *Histoire de la sexualité 1: la volonté de savoir*. Paris: Gallimard.

FOUCAULT, M. 1975. *Surveiller et punir: naissance de la prison*. Paris: Gallimard.

GARCÍA COLLADO, F. 2019a. "*Big data* y democracia: educación, comunicación, poder y gubernamentalidad en la era de la razón farmacêutica". *Astrolabio*: Revista Internacional de Filosofía, n. 23, pp. 114-134.

GARCÍA COLLADO, F. 2019b. "Biopolítica, innovación y el oxímoron de la democracia representativa: autognomía y nootrópica a las puertas del fascismo biotecnológico". In: Andityas Soares de Moura Costa Matos (org.). *Ensaios de desobediência epistemocrítica: dimensões antagonistas na era das sujeições bio-político-cibernéticas*. Belo Horizonte: Initia Via, pp. 39-72.

GARCÍA COLLADO, F.; MATOS, A. S. de M. C. 2020. *O vírus como filosofia. A filosofia como vírus: reflexões de emergência sobre a COVID-19*. Trad. Andityas Soares de Moura Costa Matos. São Paulo: GLAC edições.

GARCÍA GUAL, C. s/d. "Democracia, teatro y educación en la Atenas clásica". Madrid: Biblioteca Omegalfa. Disponível em: <http://antiqua.gipuzkoakultura.net/pdf/gual2.pdf>.

GARCÍA, F.; GONZÁLEZ, H.; PÉREZ, M. 2015. *Volviendo a la normalidad: la invención del TDAH y del trastorno bipolar infantil*. Madrid: Alianz.

GIURGEA, C. E. 1972. "Vers une pharmacologie de l'activité intégrative du cerveau: tentative du concept nootrope en psychopharmacologie". *Actualité Pharmacologie*, n. 25.

GOMES, A. S. T.; MATOS, A. S. de M. C. 2019. "Memes políticos e dessubjetivação: o ocaso da *phoné* na política contemporânea brasileira". *Veritas*, v. 64, n. 3, pp. 1-34. Disponível em: <https://revistaseletronicas.pucrs.br/ojs/index.php/veritas/article/view/34035/19414>.

GRACQ, J. 2007. *En lisant, en écrivant*. Paris: José Corti.

GUATTARI, F. 2017. *La revolución molecular*. Trad. Guillermo de Eugenio Pérez. Madrid: Errata Naturae.

HARDT, M.; NEGRI, A. 2004. *Multitude*: *war and democracy in the age of empire*. New York: Penguin.

HARDT, M.; NEGRI, A. 2000. *Empire*. Cambridge (Massachusetts): Harvard University.

HEALY, D. 2002. *The creation of psychopharmacology*. Cambridge: Harvard University.

HEGEL, G. F. W. 1980. *Phänomenologie des Geistes*. Gesammelte Werke. Bd. 9. Hamburg: Felix Meiner.

HEIDEGGER, M. 2005. *Carta sobre o humanismo*. Trad. Rubens Eduardo Frias. São Paulo: Centauro.

HOBBES, T. 1965. *Leviathan*. Reprinted from the edition of 1651. Oxford: Oxford University.

HOOGMAN, M. *et al.* "Subcortical brain volume differences in partcipants with attention deficit hyperactivity disorder in children and adults: a cross-sectional mega-analysis". *The Lancet*, fevereiro de 2017. Disponível em: <https://www.thelancet.com/pdfs/journals/lanpsy/PIIS2215-0366(17)30049-4.pdf >.

HORWITZ, A. V.; WAKEFIELD, J. C. 2007. *The loss of sadness: how psychiatry transformed normal sorrow into depressive disorder*. Oxford: Oxford University.

INSEL, T. 2013. "Transforming diagnosis". NIMH: *National Institute of Mental Health*. Disponível em: <https://www.nimh.nih.gov/about/directors/thomas-insel/blog/2013/transforming-diagnosis.shtml>.

JABLONKA, E.; LAMB, M. J. 2005. *Evolution in four dimensions: genetic, epigenetic, behavioral, and symbolic variation in the history of life*. Cambridge: Massachusetts Institute of Technology.

JACKSON, V. s/d. *In our own voice: African-American stories of oppresion, survivals and recovery in mental health systems*. Disponível em: <https://www.academia.edu/1312813/In_Our_Own_Voice_African_American_Stories_of_Oppression_Survival_and_Recovery>.

JOUANNAIS, J.-Y. 2009. *Artistes sans oeuvres: I would prefer not to*. Paris: Gallimard.

KAFKA, F. 1999. *Contemplação/O foguista*. Trad. Modesto Carone. São Paulo: Companhia das Letras.

KAFKA, F. 1924. *Ein Hungerkünstler: Vier Geschichten*. Berlin: Die Schmiede.

LAKOFF, A. 2009. *Pharmaceutical reason*. New York: Cambridge University.

LAMPEDUSA, T. 1958. *Il gattopardo*. Milano: Feltrinelli.

LAVAL, C. 2003. *L'école n'est pas une entreprise*. Paris: La Découverte.

LAZZARATO, M. 2014. *Signs and machines: capitalism and the production of subjectivity*. Trad. Joshua David Jordan. Los Angeles: Semiotext(E).

LAZZARATO, M. 2010. "Sujeição e servidão no capitalismo contemporâneo". Trad. João Perci Schiavon. *Cadernos de Subjetividade*, 2010, pp. 168-179. Disponível em: <https://cadernosdesubjetividade.files.wordpress.com/2013/09/cadernos2010_baixaresolucao.pdf>.

LAZZARATO, M. 2001. *La fabrique de l'homme endetté: essai sur la condition néolibérale*. Paris: Éditions Amsterdam.

LEFORT, C. 1991. "A questão da democracia". In: Claude Lefort. *Pensando o político: ensaios sobre democracia, revolução e liberdade*. Trad. Eliana de Melo Souza. Rio de Janeiro: Paz e Terra.

LEIBNIZ, G. W. 1710. *Essais de théodicée sur la bonté de dieu, la liberté de l'homme, et l'origine du mal*. Amsterdam: Troyel.

LEVINAS, E. 1982. *De l'évasion*. Paris: Fata Morgana.

LONG, A. A.; SEDLEY, D. N. (orgs.). 2006. *The hellenistic philosophers. Vol. 1: translations of the principal sources, with philosophical commentary*. Cambridge: Cambridge University.

LORAUX, N. 2004. *Las experiencias de Tiresias: lo masculino y lo femenino en el mundo griego*. Trad. Cristina Serna e Jaume Portulas. Barcelona: El Acantilado.

MATOS, A. S. de M. C. 2020. *Representação política contra democracia radical: uma arqueologia (a)teológica do poder separado*. 2. ed. Belo Horizonte: Fino Traço.

MATOS, A. S. de M. C. 2018. "Streaming subjectivation: two questions and one thesis about Netflix". *Philosophy Kitchen: Rivista di Filosofia Contemporanea*, v. 5, n. 9, pp. 87-98.

MBEMBE, A. 2013. *Critique de la raison nègre*. Paris: La Découverte.

MBEMBE, A. 2003. "Necropolitics". *Public Culture*, v. 15, n. 1, pp. 11-40.

MOFFET, M. W. 2019. *The human swarm: how our societies arise, thrive, and fall*. London: Head of Zeus.

NICOLIELLO, N. 1999. *Diccionario del latín jurídico*. Barcelona: J. M. Bosch.

NOËL, B. 2019. *Mon corps sans moi*. Paris: Fata Morgana.

OBER, J. 2007. "The original meaning of "democracy": capacity to do things, not majority rule". *Princeton/Stanford Working Papers in Classics Paper* n. 090704, sep. 2007. Disponível em: <http://dx.doi.org/10.2139/ssrn.1024775>.

PARISER, E. 2017. *El filtro burbuja: cómo la red decide lo que leemos y lo que pensamos*. Trad. Mercedes Vaquero. Barcelona: Taurus.

PÉREZ, M. 2018. *Más Aristóteles y menos Concerta®: las cuatro causas del TDAH*. Navarra: NED.

PHILLIPS, A. 2000. *Darwin's worms: on life stories and death stories*. New York: Basic Books.

PRECIADO, P. B. 2013. *Testo junkie: sex, drugs, and biopolitics in the pharmacopornographic era*. New York: The Feminist Press at the City University of New York.

RANCIÈRE, J. 1995. *La mésentente*. Paris: Galilée.

RANCIÈRE, J. 1987. *Le maître ignorant*. Paris: Fayard.

RODRÍGUEZ DELGADO, J. M. 1980. *Control físico de la mente: hacia una sociedad psicocivilizada*. Madrid: Espasa-Calpe.

ROSE, S. 2002. "Levels of explanation in human behaviour: the poverty of evolutionary psychology". In: David L. Hull; Marc H. V. Van Regenmortel (eds.). *Promises and limits of reductionism in the biomedical sciences*. West Sussex: Jonh Wiley and Sons, pp. 279-304.

ROSE, N. 2019. *Our psychiatric future*. Cambridge: Polity.

ROSE, N. 2007. *The politics of life itself: biomedicine, power, and subjectivity in the twenty-first century*. New Jersey: Princeton University.

ROSE, N. 1999. *Powers of freedom: reframing political thought*. New York: Cambridge University.

ROSE, N. 1996. "Psychiatry as a political science: advanced liberalism and the administration of risk". *History of the Human Sciences*, v. 9, n. 2, pp. 1-23.

SCOTT, J. C. 2017. *Against the grain: a deep history of the earliest states*. New Haven: Yale University.

SCHMITT, C. 2002. *Römischer Katholizismus und politische Form*. Stuttgart: Klett-Cotta.

SCHMITT, C. 1922. *Politische Theologie: Vier Kapitel zur Lehre von der Souveränität*. Berlin: Duncker & Humblot.

SHERMAN, J. 2017. *Neither ghost nor machine*. New York: Columbia University.

SMITH, M. 2012. *Hyperactive: the controversial history of* ADHA. London: Reaktion Books.

SOUZA, J. K. de S. 2020. *Desalienar o poder, viver o jogo: uma crítica situacionista ao direito.* São Paulo: Max Limonad.

SPINOZA, B. 2009. Ética. Trad. Tomaz Tadeu. Belo Horizonte: Autêntica.

TIMIMI, S. 2007. *Mis-understanding* ADHD: *the complete guide for parents to alternative to drugs.* Indiana: Author House.

VALÉRY, P. 2004. *La idea fija.* Trad. Carmen Santos. Madrid: Antonio Machado.

VILA-MATAS, E. 2015. *Bartleby y compañía. La pregunta de Florencia.* Barcelona: Seix Barral.

WEDGE, M. 2016. *A disease called childhood: why* ADHD *became an american epidemic.* New York: Penguin.

WEGENER, A. 1912. "Die Entstehung der Kontinente". *Geologische Rundschau*, v. 3, n. 4, pp. 276-292.

WEIL, S. 1957a. "Étude pour une déclaration des obligations envers l'être humain". In: Simone Weil. *Écrits de Londres et dernières lettres.* Paris: Gallimard, pp. 74-84.

WEIL, S. 1957b. "La personne et le sacré". In: Simone Weil. *Écrits de Londres et dernières lettres.* Paris: Gallimard, pp. 11-44.

WEIL, S. 1949. *L'enracinement.* Paris: Gallimard.

WITTGENSTEIN, L. 2008. *Tractatus logico-philosophicus.* Trad. Luis Henrique Lopes dos Santos. São Paulo: EDUSP.

WOLF, M. 2008. *Cómo aprendemos a leer.* Trad. Martín Rodríguez-Courel. Barcelona: Ediciones B.

WOLIN, S. 2008. *Democracy incorporated: managed democracy and the specter of inverted totalitarianism.* New York: Princeton University.

Sobre os autores

Andityas Soares de Moura Costa Matos é Doutor em Direito e Justiça pela Universidade Federal de Minas Gerais (UFMG), Pós-Doutor em Filosofia do Direito pela *Universitat de Barcelona* (Catalunya) e Doutor em Filosofia pela Universidade de Coimbra (Portugal). Atua como Professor Associado de Filosofia do Direito e disciplinas afins na Faculdade de Direito e Ciências do Estado da UFMG e é membro do Corpo Permanente do Programa de Pós-Graduação em Direito da mesma instituição. Foi Professor Visitante na *Facultat de Dret de la Universitat de Barcelona* entre 2015 e 2016 e Professor Residente no Instituto de Estudos Avançados Transdisciplinares – IEAT/UFMG entre 2017 e 2018. Convidado como palestrante por diversas universidades estrangeiras, tais como a *Universitat de Barcelona*, a *Universitat de Girona* e a *Universidad de Buenos Aires*. Autor de *Filosofia radical e utopias da inapropriabilidade: uma aposta an-árquica na multidão* (Fino Traço, 2015) e *Representação política contra democracia radical: uma arqueologia (a)teológica do poder separado* (Fino Traço, 2020). Coautor, com Francis García Collado, de *O vírus como filosofia/A filosofia como vírus: reflexões de emergência sobre a* COVID-19 (GLAC, 2020).

E-mails:
vergiliopublius@hotmail.com
andityas@ufmg.br

Francis García Collado é Doutor em Filosofia pela *Universitat de Barcelona* (UB, Catalunya) e Pós-Doutor em Filosofia e Direitos Humanos pela Universidade Federal de Goiás (UFG). Atua como Professor Associado de Filosofia e Psicologia nas Faculdades de Filosofia, Comunicação e Educação da *Universitat de Girona* (UdG), da *Universitat Internacional de Catalunya* (UIC), da *Universitat de Barcelona – Escola Superior de Relacions Públiques* (UB-ESRP) e da *Universitat de Vic – Universitat Central de Catalunya* (UVIC-UCC). É membro avaliador do *Comitè d'Ètica i Bioseguretat* da *Universitat de Girona*. Autor de vários capítulos de livros e de artigos em periódicos científicos. Coautor, com Andityas Soares de Moura Costa Matos, de *El virus como filosofía/La filosofía como virus: reflexiones de emergencia sobre la pandemia de* COVID-19 (Bellaterra, 2020).

E-mails:
francisgarcia.collado@gmail.com
francisco.garcia@udg.edu

Este livro é composto pelas fontes minion pro, neue haas grotesk display pro e helvetica neue e foi impresso pela BMF no papel pólen soft 80g, com uma tiragem de 1.000 exemplares